CB057461

# Loucuras
de Chocolate

✳ ✳ ✳ ✳ ✳

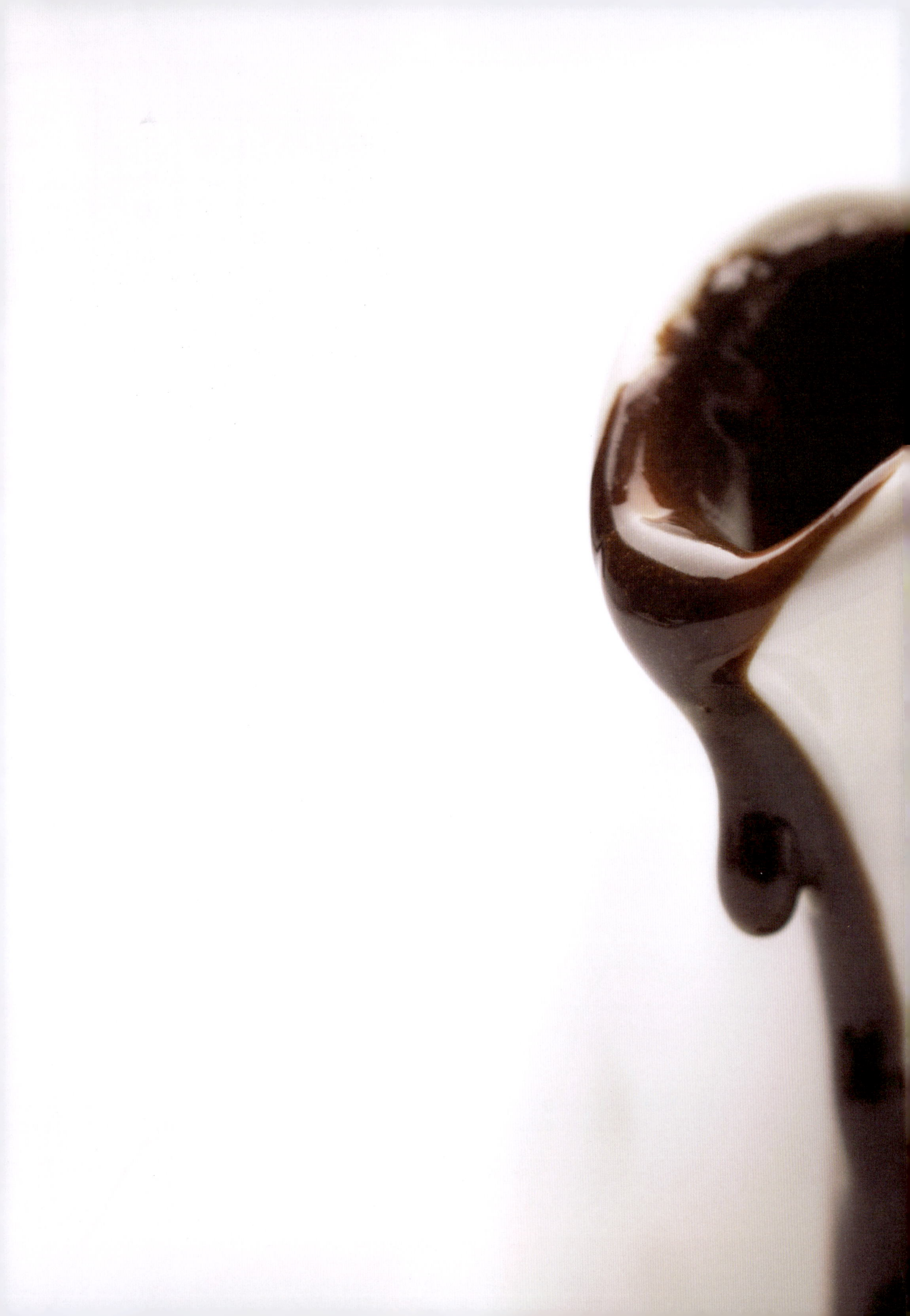

# Loucuras
## de Chocolate

* * * * *

Simone Izumi

3ª impressão

PANDA BOOKS

© Simone Izumi

Diretor editorial
*Marcelo Duarte*

Diretora comercial
*Patth Pachas*

Diretora de projetos especiais
*Tatiana Fulas*

Coordenadora editorial
*Vanessa Sayuri Sawada*

Assistentes editoriais
*Camila Martins*
*Henrique Torres*

Projeto gráfico, diagramação e capa
*Camila Sampaio*

Fotos
*Rafael Sato*

Preparação
*Adriana Bernardino*

Revisão
*Beatriz de Freitas Moreira*
*Carmen T. S. Costa*

Impressão
*Corprint*

---

CIP – BRASIL. CATALOGAÇÃO NA FONTE
SINDICATO NACIONAL DOS EDITORES DE LIVROS, RJ

Izumi, Simone
Loucuras de chocolate/ Simone Izumi. – São Paulo: Panda Books, 2013. 240 pp.

ISBN 978-85-7888-237-2

1. Chocolate. 2. Culinária (Chocolate). I. Título.

12-6064            CDD: 641.5
                                           CDU: 641.5

---

2022
Todos os direitos reservados à Panda Books.
Um selo da Editora Original Ltda.
Rua Henrique Schaumann, 286, cj. 41
05413-010 – São Paulo – SP
Tel./Fax: (11) 3088-8444
edoriginal@pandabooks.com.br
www.pandabooks.com.br
Visite nosso Facebook, Instagram e Twitter.

Nenhuma parte desta publicação poderá ser reproduzida por qualquer meio ou forma sem a prévia autorização da Editora Original Ltda. A violação dos direitos autorais é crime estabelecido na Lei nº 9.610/98 e punido pelo artigo 184 do Código Penal.

*Para Divinha,*
*extensão natural do meu ser*
*e responsável por tornar este livro realidade.*

# sumário

| | | | |
|---|---|---|---|
| 08 | Apresentação | 83 | Quando os olhos brilham... |
| | | 88 | Trufa de chocolate |
| 14 | Tratamento de realeza | 91 | *Drops* de especiarias |
| | | 93 | Pingo de baunilha e doce de leite |
| 22 | Dando forma ao chocolate | 96 | Forminha de caramelo e flor de sal |
| | | 98 | Copinho de *physalis* e lavanda |
| 30 | Tipos de chocolate | 101 | Barra de caramelo |
| | | 104 | Pasta de amendoim e chocolate |
| 36 | Quadro de equivalências | 106 | Salaminho de chocolate especial |
| | | 108 | Choco nuts bar |
| 39 | Receitas | 110 | Barra *gianduia* |
| | | 113 | Torta de limão, *shochu* e morango |
| 40 | O primeiro encontro | 115 | *Harumaki* de banana com chocolate |
| 43 | Calda básica de chocolate | 117 | *Strudel* de chocolate, maçã e nozes |
| 44 | Calda rica de brigadeiro | 120 | Churros com molho picante de chocolate |
| 46 | *Smoothie* de banana, chocolate e café | | |
| 48 | Chocolate quente *gourmet* | 124 | Dicas para um brigadeiro gourmet perfeito |
| 50 | Doces surpresas | | |
| 54 | Tirinha de laranja achocolatada | 126 | Brigadeiro *gourmet express* |
| 56 | Maçã *choco l'amour* | 128 | A minha versão de brigadeiro *gourmet* |
| 58 | Panqueca de chocolate e banana | 130 | Brigadeiro de limão siciliano |
| 60 | Delícia de abacaxi | 132 | Tacinha com bicho de pé |
| 62 | Guloseimas achocolatadas | 135 | *Choco pop* de brigadeiro |
| 65 | Chocolate como profissão | 138 | Dicas para cupcakes perfeitos |
| 66 | As trufas douradas do restaurante da tia | 139 | Cupcake de baunilha com *ganache* rosa |
| 69 | Pirulito de *gianduia* | 142 | Cupcake de chocolate |
| 71 | Estrela de brigadeiro | | |
| 75 | *Biscotti* de chocolate e nozes | 145 | Decoração do chocolate |
| 77 | Pão de mel coberto com chocolate | 146 | Tabletes de chocolate |
| 81 | Cestinha de *ganache* e cereja | 149 | *Cake pop* dourado |
| | | 151 | Tacinha com cocada de maracujá |

154 *Livros*
155 *Semifreddo* de chocolate e cereja
157 *Semifreddo* de chocolate branco, cardamomo e groselha
160 *Tiramisù* no pote
162 *Fudge* de limão siciliano e macadâmia
164 *Fudge* negro de Halls e gengibre cristalizado

167 *Fotografia*
168 *Fondue* de chocolate especial
171 Musse de chocolate
173 Copinho com creme de amendoim
176 *Choc-Pop-Crock!*

179 *Bolos*
181 Nega maluca
182 Bolo negro de chocolate com calda
185 *Cake* de chocolate com compota de pera
188 *Brownie* de chocolate, nozes e caramelo
191 *Brownie* de chocolate, banana e calda de *gianduia*
194 *Blondie* de chocolate, castanha-do-pará e cereja
197 Bolo-pudim de chocolate e laranja
200 Bolo para o lanche
202 *Castella cake*
206 Bolo de rosas trufado
209 Bolo de rosas com folhas de chocolate

213 *As minhas receitas preferidas do blog Chocolatria*

214 Bolo cremoso de chocolate e café
217 Bolo cocolati
219 Bolo Trovão de brigadeiro e cereja
222 *Brownie* duplo de chocolate e avelã
224 *Cookie* monstro de confeitos
226 Geleia de banana e chocolate
228 Pavê de brigadeiro
230 Torta de bananas carameladas e doce de leite
233 *Flan* de chocolate
235 Tulipas de chocolate

238 *Agradecimentos*

240 *A autora*

Apresentação

## Meu nome é Simone Izumi e sou uma arquiteta que virou chocolate.

Minha história com o chocolate tem início nos anos 1990. Calças semibag, cabelo repicado e devaneios de uma adolescente sem rumo nem prumo. Nessa época, curtia poesia, piano, filosofia, fotografia e os pouquíssimos programas de culinária disponíveis na TV aberta. Alimentava um caderninho de receitas que estampava claramente a minha identidade no momento: a cada estação uma caligrafia diferente.

A escrita poderia ser uma variante, mas no meu surrado receituário já transparecia o meu amor aos doces, escancarada e principalmente por chocolates.

Quando criança, sonhava ter em minhas mãos as grandes barras de chocolate que hoje disponho em meu estoque de produção. Cresci comendo doces simples e saturados de açúcar, que costumavam ser vendidos nos carrinhos em frente à escola. Doce de abóbora em formato de coração, paçoquinha de amendoim, doce de leite, bala de coco, goma de mascar... Doces para os quais na verdade eu dava de ombros. Eu era uma criança que desejava as vistosas caixas de bombons sortidos, que decoravam as prateleiras mais altas do supermercado do arrabalde. Muitos anos depois, a menina que sonhava em ganhar bombons e ovos de chocolate agora é uma *chocolatier*.

Não se engane pensando que nasci com o dom da chocolateria. Minha primeira experiência com chocolates, aos 12 anos, foi uma verdadeira lástima. Lembro-me de empestear a cozinha da minha tia com uma fumaça densa e infinita de chocolate queimado.

Felizmente, os traumas iniciais foram superados e passei a produzir todos os anos pequenos e tímidos ensaios chocoláticos nas épocas sazonais. Mas, para dizer a verdade, me parecia um jogo de sorte e azar. Ora saía bom, ora não. E a sensação de o chocolate ser um ingrediente místico e de seu fabuloso destino independer da minha fé, boa vontade e dedicação começava a brotar.

Influenciada pelo meu irmão também arquiteto e ignorando os indícios durante a adolescência de que não era apenas uma glutona e sim uma apreciadora da confeitaria em potencial, ingressei na faculdade de arquitetura e urbanismo e completei com sucesso os cinco anos de formação. Eu me destacava nos desenhos e nas matérias que envolviam devaneios de pensamento ou criatividade. Desenhava incríveis arranha-céus, mas sinceramente não tinha a menor ideia de como aquilo ia ficar de pé! Gostava de arquitetura, mas não amava. Para mim, a necessidade desse sentimento de amor à profissão era claro e isso me angustiava.

Após a formatura, conheci o sr. Chocolatria. Um interiorano matuto, de hábitos simples, alegre e generoso. Sua alegria de viver era contagiante e tão logo o conheci sabia que havia encontrado o granulado do meu brigadeiro.

Trabalhei um tempo na área de arquitetura com o meu irmão, e nos fins de semana produzia bombons na edícula da casa da minha mãe, que eram comercializados no balcãozinho do restaurante da minha querida tia Helena.

A Divas Chocolates nasceu em uma pequena cesta de vime duvidosamente decorada, sob a forma de bombons trufados simples e embalados em reluzentes papéis dourados. O sr. Chocolatria foi o idealizador da venda dos bombons, que depois de certo tempo ganharam fama e eram conhecidos como as deliciosas trufas douradas do restaurante da tia.

Quando o sr. Chocolatria e eu nos casamos, resolvi trocar a lapiseira e a régua pelo *fouet* e assumir aquilo que realmente me fazia feliz: fazer docinhos de chocolate. A resposta apaixonada de uma pessoa ao degustar um chocolate feito por mim compensava todas as olheiras formadas pelas noites maldormidas e remessas de chocolates manchados.

O início não foi fácil. Como não tinha recursos para investir em uma nova faculdade ou cursos livres profissionalizantes, meu estudo foi dado por livros, internet, pesquisas via incursões gastronômicas e treinamento exaustivo. Como na época da faculdade, em que era comum varar noites para terminar um projeto, avançávamos madrugada adentro para cumprir as primeiras encomendas. Foram inúmeras as vezes que me via na calada da noite com avental sujo de chocolate, corpo dolorido, semblante cansado e mamãe sempre ao meu lado, firme e forte ajudando a embalar os chocolates.

No início da minha nova carreira, além de mergulhar no mundo do chocolate, aprendi também a ignorar sorrisinhos e a desviar comentários descrentes de fulanos das esquinas para o meu bolso furado: "Eu não acredito que você vai largar a arquitetura para fazer docinhos", diziam estupefatos.

O livre-arbítrio e a mudança de profissões é um direito, mas em certos momentos é difícil aguentar seu peso. Assumir uma posição contraditória ou inovadora traz de brinde um pacote de críticas – algumas construtivas, outras destrutivas –, gozações talvez, e certamente muitas provações pessoais.

Em parceria com uma prima, iniciei o trabalho da Divas Chocolates Especiais em 2004. Fornecíamos chocolates para revenda em salões de beleza, restaurantes, cafeterias e até abrimos um pequeno quiosque de chocolates em um shopping simples de bairro. Sofríamos para manter as prateleiras da vitrine do quiosque cheias, com a inexistência de ar-condicionado, o movimento fraco do shopping e principalmente com a pouca saída dos produtos. No entanto, foi a melhor faculdade de chocolates que poderia cursar. Compreendi a essência dessa matéria-prima, aprendi a elaborar receitas e boas combinações, ganhar ritmo de trabalho e saber o que o paladar do cliente brasileiro pede. Findado esse período, a minha prima retornou à sua bem-sucedida carreira de vendas enquanto eu voltei a pensar com os meus botões sobre o futuro da Divas.

Decidi mudar o foco de trabalho do varejo para o atacado. Enxuguei as variedades oferecidas e desenvolvi uma linha fina de doces e suvenires, baseada em produtos artesanais frescos para eventos sociais. Batendo de porta em porta e munida do meu melhor sorriso, comecei a formar parcerias com profissionais do ramo, distribuí degustações e fechei os primeiros pedidos. Assim comecei a empilhar os primeiros tijolos de meu negócio. Muitos pontos foram revistos, reavaliados e remodelados, porém uma coisa era imutável e crescente: minha adoração pelo santo Theobroma Cacao.

O nascimento da Divinha, em 2007, foi o acontecimento mais extraordinário da minha vida. Foi como um sopro morno de verão. Um *break* saudável que me fez buscar coisas novas na internet relativas a comida, fotos e viagens, minhas outras duas paixões. Entre uma mamada e outra, corria para o computador em busca dos inovadores "blogs" de culinária: páginas de pessoas que se aventuravam na cozinha e lá escreviam sobre receitas testadas, postavam fotos acompanhadas de texto amistoso e compartilhavam os comentários recebidos dos leitores. "Que interessante. Um caderninho de receitas virtual com registros de minhas memórias que poderia deixar de legado para a minha filha", matutei com os meus botões. Com este pensamento, iniciei meu blog da forma mais despretenciosa e amorosa possível.

Nos três meses que descansei em casa cuidando da Divinha bebê, aprendi a lidar com os códigos e ferramentas do blog, criei um *layout* e, extravasando a minha "idolatria ao chocolate", o batizei de Chocolatria.

Lembro-me das primeiras entrevistas feitas para blogueiros amigos e jornais pequenos. A indescritível sensação de ver o meu doce estampado na capa de uma revista de sobremesas americana. Matérias interessantes, outras divertidas, ensaios fotográficos, campanhas e bastidores de televisão. Contudo, devo dizer que o dia mais surreal da minha vida foi quando uma gatinha chamada Hello Kitty ligou para mim.

Foram seis meses intensos de desenvolvimento dos doces para o primeiro café Sanrio das Américas em São Paulo, projeto existente em outras grandes metrópoles como Hong Kong, Taiwan, Havaí, Coreia e Japão. Nesse meio-tempo, foi uma imensidão de e-mails e ideias trocadas com os competentes idealizadores do projeto, uma confiança emocionante em meu trabalho e o prazer de conhecer um dos fundadores de uma das maiores empresas de licenciamento de imagem e design do mundo.

Ao longo dos anos, relutei muito em ministrar aulas. Minha imaginação fértil elaborava as mais constrangedoras situações: por eu ser naturalmente estabanada, por não ter nenhuma formação especializada e por ser uma possível vítima de *bullying* por parte dos colegas de profissão. Apesar de todos esses achismos e receios pelo desconhecido, seria mais uma provação pessoal interessante e uma atraente oxigenação no cérebro. Depois de quase dois anos ministrando aulas e prestes a inaugurar o terceiro e quarto módulos de curso, vejo como o nervosismo na maioria das situações é pura bobagem e quanto perderia se tivesse desistido.

E você... também é louco por chocolate?

Se o seu desejo é que o chocolate seja apenas o seu amante de fim de semana ou apenas um *hobby*, você é uma pessoa de sorte! Escolheu uma das artes mais bonitas e prazerosas que existe no mundo da confeitaria. O mundo do chocolate é intrigante e o seu conhecimento, infinito. Segundo Peter P. Greweling, autor do livro *Chocolates and confections*:

"O chocolate é sem sombra de dúvida o ingrediente mais complexo no mundo da confeitaria. Devido a essa complexidade, uma pessoa pode trabalhar e estudar durante a vida toda e ainda não aprender todos os seus segredos. Cada etapa de transformação, das sementes do cacau ao produto final, é caracterizada pela atenção ao detalhe e um pouco de alquimia."

A arte do chocolate é um dom que se adquire com a prática. E a prática leva à perfeição. Como todos os profissionais do ramo, errei bastante e comi o chocolate que o diabo queimou.

Caro leitor, receba este livro que foi produzido com muito amor e dedicação. Era um sonho que imaginava realizar no alto dos meus oitenta anos a passos de tartaruga, bebericando calmamente uma xícara de chocolate quente. Mas aconteceu de forma repentina, intensa, vibrante, exaustiva... fascinante.

Tento transmitir por meio deste livro a essência da chocolateria artesanal, caseira, *comfort* e espero que de uma forma ou de outra contribua com as informações passadas. Desejo muito que você possa confeccionar bombonzinhos para presentear uma pessoa especial ou fazer um bolo bonito para uma tarde gostosa em família. Enfim, espero enriquecer os seus momentos e poder participar de momentos felizes de sua vida.

Por ser uma extensão natural do blog Chocolatria, você deve estar reparando na familiaridade da linguagem utilizada. Assim como o blog, além de receitas de confeitos de chocolate, você encontrará outras gordices como bolos, tortas e doces que fazem a alegria dos chocólatras de plantão.

Divirta-se e tenha uma vida memorável.

*Simone Izumi*

Tratamento
de realeza

O chocolate merece respeito e ter tratamento de rei. Estocagem da matéria e dos confeitos prontos em ambientes frescos, arejados e inodoros, derretimento em temperaturas medianas, cristalização em um refrigerador exclusivo para o trabalho e com temperatura calibrada são essenciais para um trabalho bem-sucedido.

O chocolate pode ser derretido basicamente de três formas diferentes:

Banho-maria: disponha o chocolate picado em uma tigela de inox que encaixe perfeitamente na boca de uma panela, já com cerca de dois dedos de água em baixa fervura (de 50 °C a 60 °C). O fundo da tigela que acomoda o chocolate deve ter uma distância mínima de três dedos da água. Você deve misturar o chocolate com o auxílio de uma espátula, até obter uma massa completamente derretida, lisa e sem grumos.

Trabalhe com organização e panos ao seu redor para secar o fundo da tigela ao desencaixar da panela, evitando que gotinhas de água respinguem dentro de seu chocolate derretido. Você se recorda de que o menor contato de um líquido com o chocolate pode fazê-lo desandar, engrossando-o rapidamente? Contudo, se isto acontecer, não se desespere. Basta adicionar manteiga de cacau derretida, encontrada em casas especializadas de produtos de chocolate e confeitaria, para recuperá-lo e obter novamente a sua fluidez.

Derretedeira elétrica: é um equipamento que derrete o chocolate por meio de banho-maria, feito por uma resistência elétrica mergulhada na água. Sobre a base da derretedeira apoiam-se as cubas de inox com o chocolate picado. Essa base deve ter cerca de três dedos de água acima da resistência e a derretedeira deve estar calibrada entre 45 °C e 50 °C. O termostato mantém o chocolate aquecido até o momento da temperagem.

Um problema na utilização de uma derretedeira elétrica é que o processo de desidratação de seu chocolate é mais intenso, já que o aquecimento é contínuo ao longo do dia. Caso não utilize o chocolate derretido rapidamente, você pode ter mais custos em relação à correção de sua fluidez.

Micro-ondas: a utilização do micro-ondas para derreter o chocolate elimina o perigo do vapor e gotinhas de água, presentes tanto no processo do banho-maria como no da derretedeira elétrica. Contudo, é preciso tomar cuidado com o aquecimento excessivo, pois o chocolate pode queimar rendendo uma fumaceira danada e uma situação irremediável. Portanto, certifique-se de que a potência está calibrada para média, que equivale a 50% da potência do seu eletrodoméstico.

Geralmente, 4min30s são suficientes para derreter um quilo de chocolate. Esse tempo, no entanto, pode variar de acordo com o clima, potência do micro-ondas e oscilação da corrente elétrica. Nesse processo, diferentemente do banho-maria e da derretedeira elétrica, o chocolate não precisa ser finamente picado. Você pode dispor pedaços grandes na tigela, economizando um baita esforço físico.

Segue abaixo uma tabelinha com um tempo-base para você usar como guia. Novamente reforço a mensagem de que o tempo pode variar dependendo do modelo e da voltagem de seu micro-ondas. Se perceber que alguns pedaços sólidos de chocolate ainda resistem mesmo depois de findado o tempo mencionado na tabela, você pode voltar o chocolate ao micro-ondas de trinta em trinta segundos ou de um em um minuto. Esse tempo varia de acordo com o volume trabalhado.

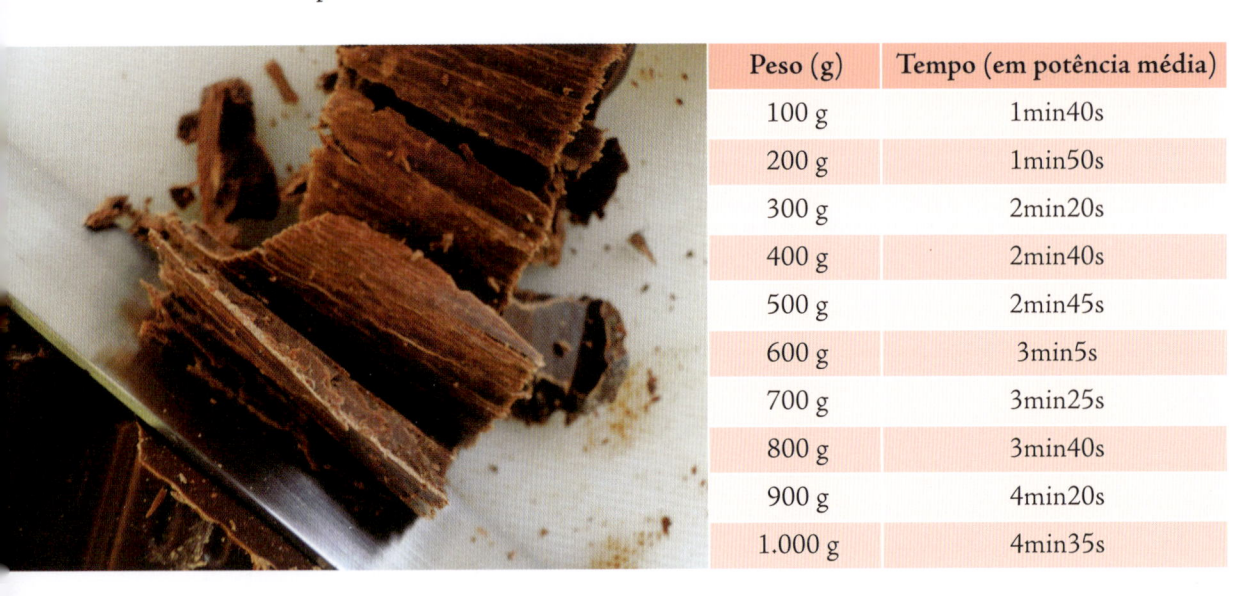

| Peso (g) | Tempo (em potência média) |
|---|---|
| 100 g | 1min40s |
| 200 g | 1min50s |
| 300 g | 2min20s |
| 400 g | 2min40s |
| 500 g | 2min45s |
| 600 g | 3min5s |
| 700 g | 3min25s |
| 800 g | 3min40s |
| 900 g | 4min20s |
| 1.000 g | 4min35s |

Trabalhe com recipientes próprios para micro-ondas. Costumo trabalhar com tigelas de policarbonato profissionais, que são leves e não superaquecem, mas você pode usar recipientes de vidro ou plástico próprios para tal função.

A utilização do micro-ondas tem muitas vantagens a meu ver: potência regulada, tempo limitado, rapidez, ambiente seco e a possibilidade do derretimento de pedaços grandes de chocolate.

## pré-cristalização, temperagem ou choque térmico

Todas as formas de derretimento mencionadas anteriormente são corretas e a sua escolha é uma opção pessoal.

Chocolate perfeitamente derretido? Vamos à temperagem?

Um chocolate fluido sendo trabalhado em cima de uma pedra produz uma das cenas mais bonitas e tentadoras que existem no mundo da confeitaria. Adoro o som metálico produzido pelo encontro das espátulas e a sua dança letárgica de vai e vem... esticando e recolhendo o chocolate, oferecendo um perfume inebriante e uma imagem sedutora àqueles que ali passam desavisadamente.

Apesar de ser terapêutico para algumas pessoas, para outros é sinônimo de tensão por conta da dificuldade de se achar o ponto perfeito da têmpera do chocolate.

Aliás, você já se perguntou por que é necessário realizar esse procedimento de temperagem em seu chocolate derretido? Geralmente somos induzidos a aceitar as coisas do jeito que nos são passadas: "a embalagem diz que é preciso", "a minha professora de culinária disse", "assim como a receita dada na internet".

Mas por quê?

O processo de temperagem proporciona ao seu chocolate brilho, superfície homogênea, dureza em temperatura ambiente, *snap* (estaladura e crocância ao quebrar um chocolate), rápida desmoldagem, maior resistência térmica, além de o chocolate derreter rapidamente na boca. É essencial para qualquer barra de chocolate que contenha manteiga de cacau na sua listagem de ingredientes.

*Se após o derretimento o seu chocolate apresentar grumos e possuir consistência pastosa, é indício de desidratação consequente de uma logística ou estocagem feita de forma inapropriada. A recuperação é feita com adição de manteiga de cacau derretida e mistura vigorosa com o auxílio de um fouet. Misture até obter uma massa homogênea, brilhante e lisa.*

Recebemos a grande barra culinária de chocolate na forma sólida e estável dos distribuidores. Para produzirmos pequenos confeitos banhados ou enformados, precisamos necessariamente fracionar essa barra e derretê-la para uma modelagem adequada, concordam? Porém, no momento em que o chocolate é derretido, essa massa se torna instável. A missão da temperagem é estabilizá-la, proporcionando novamente as características encontradas na grande barra culinária. Portanto, não basta simplesmente derreter esse chocolate para logo em seguida aplicá-lo. Acredite em mim, você terá inúmeros problemas se ele não passar pela temperagem.

Pode parecer simples. Mas não é.

Antes que você ache que o mundo conspira contra você na cozinha, saiba que existe uma explicação química pesada por trás desse ritual de beleza da realeza e a chance de errar é muito maior do que a de acertar.

A manteiga de cacau presente no chocolate é polimórfica, isto é, possui a capacidade de se solidificar em formas cristalinas diferentes. Ela possui cristais em sua composição que estão estáveis na barra culinária sólida, mas que se tornam instáveis quando a barra é derretida. É possível obter até seis formas químicas diferentes (I, II, III, IV, V e VI) dos cristais da manteiga de cacau durante a etapa de pré-cristalização, porém apenas uma delas (a V ou a beta) é plena em sua estabilidade.

A formação V, após a sua cristalização, possui ponto de fusão superior (34 °C) em relação às demais formações instáveis (I, II, III e IV), que começam a derreter a temperaturas entre 18 °C e 28 °C. Por isso, o chocolate temperado corretamente é mais resistente às variações de temperatura e ao toque das mãos do que aquele que foi temperado incorretamente. Além disso, essa formação estável também proporciona ao chocolate o incrível poder de contração. Se você modelar o chocolate temperado em forminhas plásticas, essa contração fará com que o volume dele diminua e o ar penetre no espaço entre o chocolate e a forminha, possibilitando a extração do chocolate da cavidade sem dificuldades. Sim, o famoso visual "opaco" na parte externa de sua forminha possui uma explicação química, e não mística!

Podemos dizer que a temperagem se apoia em três pilares principais:

**1. Derretimento apropriado:** feito em temperaturas medianas. O chocolate completamente fundido atinge uma temperatura média de 45 °C a 50 °C. Ele deve estar totalmente fluido e livre de grumos.

**2. Queda brusca de temperatura:** o chocolate quente deve ser resfriado rapidamente, isto é, ter queda de temperatura rápida (cerca de 2 °C por minuto) até atingir a faixa de temperatura ideal do chocolate escolhido. Na prática, esse resfriamento não deve durar mais que dez minutos, daí a explicação do termo "choque térmico".

**3. Agitação:** movimente a massa de chocolate fluida durante o resfriamento e, depois, durante a modelagem. Os cristais da manteiga de cacau precisam estar em constante agitação para alcançar uma estabilização plena.

A temperagem feita de modo incorreto, isto é, temperatura acima ou muito abaixo da ideal para modelagem, falta de agitação ou muita demora para baixar a temperatura do seu chocolate fluido, invariavelmente fará com que o chocolate se encaixe em uma das formações incorretas citadas anteriormente. Falta de brilho, superfície manchada, esbranquiçada, falta de resistência térmica e ausência do *snap* são alguns dos problemas comumente vistos em chocolates que não receberam uma temperagem apropriada. Se esse chocolate foi modelado em forminhas, dificilmente você conseguirá desmoldá-lo, por causa da ausência do poder de contração.

Se você deseja fazer um bolo gostoso, um *brownie*, uma *ganache* para comer de colher e tantas outras sobremesas irresistíveis envolvendo chocolate na massa, não é preciso submeter o chocolate ao ritual de temperagem. Quando se quer misturar o chocolate a outros ingredientes, basta derretê-lo em temperaturas medianas para logo em seguida fazer a mistura. Simples assim.

O processo de temperagem exige um trabalho metódico. Portanto, se você pretende fazer bombons enformados ou banhados, *cookies*, frutas secas cobertas com chocolate ou qualquer outro confeito em que transpareça o chocolate puro no seu esplendor, aconselho a se munir com um aparato básico antes de iniciar suas traquinagens na cozinha: termômetro com calibragem decimal, livro aberto ao lado, ambiente de trabalho fresco, geladeira vazia e calibrada.

## Resfriamento e curva de temperatura

Se estudar a fundo livros teóricos sobre chocolate, você encontrará a informação de que o chocolate devidamente temperado é aquele que obedece à seguinte curva de temperatura:

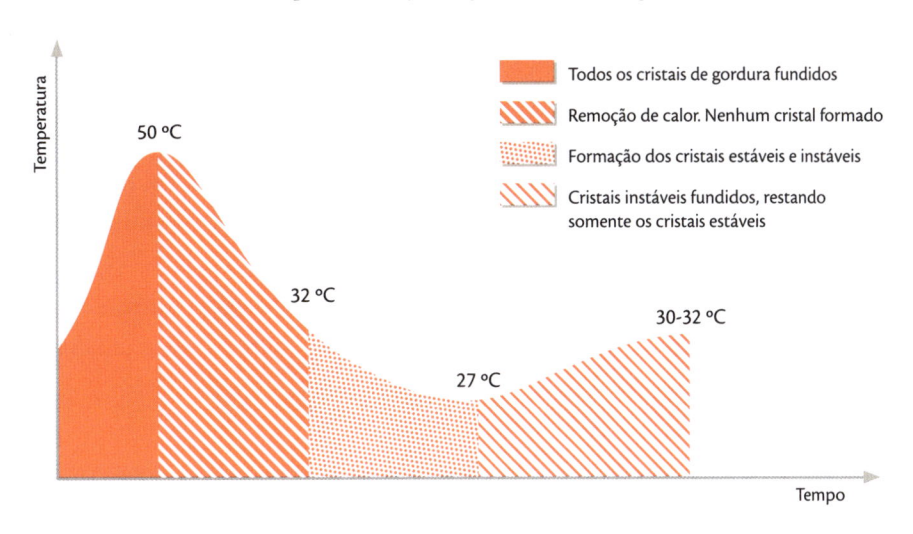

| Temperaturas ideais dos chocolates para modelagem ou banho | |
|---|---|
| Chocolate branco | 28 °C a 29 °C |
| Chocolate ao leite | 29 °C a 30 °C |
| Chocolate meio amargo | 30 °C a 31 °C |

O chocolate derretido atinge uma temperatura entre 45 °C e 50 °C, obtendo completa fusão dos cristais da manteiga de cacau. Em seguida, proporciona-se queda brusca de temperatura até uma faixa entre 25 °C e 27 °C, dependendo do tipo de chocolate. Nessa faixa de temperatura inicia-se a formação de cristais estáveis da manteiga de cacau. Em seguida, o chocolate é submetido a um breve reaquecimento de 4 °C a 5 °C para fundir os últimos cristais instáveis remanescentes, restando apenas os cristais V estáveis em sua formação. Essa recuperação de temperatura também proporciona uma boa fluidez para uma modelagem apropriada.

Sim, eu sei. É complicado.

Você para, pensa, coça a cabeça e me pergunta: "Mas por que não aparece essa informação completa de temperagem nas embalagens dos chocolates nacionais?". Nota-se uma simplificação do processo, em que em vez de uma curva senoide de temperatura, com queda seguida de recuperação, é sugerido apenas o resfriamento direto à temperatura de modelagem.

No processo de temperagem artesanal, nas explicações encontradas nas embalagens dos chocolates e nas minhas aulas, fazemos uma simplificação do processo, baixando a temperatura do chocolate derretido diretamente à ideal de modelagem. Essa temperatura de choque térmico passada pelos fabricantes nacionais nas embalagens seria a temperatura-limite para o início da formação de bons cristais, evoluindo para a formação plena em sua totalidade durante a fase de cristalização e estocagem. Naturalmente, à medida que você trabalha enformando ou banhando bases nesse chocolate temperado, a temperatura dessa massa sofre uma queda gradual. Para mantermos esse chocolate na faixa de temperatura ideal para modelagem, proporcionamos breves reaquecimentos em temperaturas medianas. A partir do momento em que você tem um trabalho contínuo e sujeito a pequenas quedas e breves recuperações de temperatura, encaixamos esse chocolate recuperado no gráfico de curva senoide acima mencionado.

A temperagem feita na pedra é um método artesanal, rápido e eficiente. No entanto, se uma das premissas básicas da temperagem é queda brusca de temperatura, podemos recorrer a vários outros métodos de resfriamento, tais como:

**Resfriamento por banho-maria inverso:** encaixe perfeitamente a tigela com o chocolate derretido dentro de outra com água fria, misturando o chocolate até atingir a temperatura ideal. Se você morar em uma região muito quente e não dispuser de ambiente climatizado, talvez seja necessário gelar a água previamente ou adicionar algumas pedrinhas de gelo para acelerar a queda de temperatura (não preciso dizer que o cuidado para não entrar água dentro do chocolate deve ser extremo, certo?). Lembre-se de que o ambiente de trabalho deve ser o mais fresco possível (em torno de 20 ºC). Por isso, muitas pessoas optam por trabalhar na calada da noite, que é o período mais fresco do dia.

**Resfriamento por adição de sólidos:** é um método de resfriamento feito por meio da adição de raspas de chocolates, *callets* (chocolate em forma de pastilhas) ou gotinhas. Adiciona-se cerca de ⅓ do volume total e mistura-se tudo para obter queda de temperatura e completo derretimento das raspas adicionadas. Caso a quantidade de chocolate adicionado não seja suficiente para atingir a temperatura ideal, é preciso aliar esse método ao resfriamento de banho-maria inverso.

**Resfriamento na pedra:** verta todo o chocolate derretido e fluido sobre uma pedra limpa e seca. Trabalhe a massa com o auxílio de espátulas de inox, envolvendo todas as partes do chocolate, e volte para a sua tigela assim que chegar à temperatura desejada.

Após recolher todo o chocolate, misture bem para homogeneizar a temperatura e agitar os cristais da manteiga de cacau. Faça a aferição da temperatura com o auxílio de um termômetro. Se estiver um pouco abaixo da temperatura ideal de modelagem, faça um breve reaquecimento com alguns segundos no banho-maria ou na potência média do micro-ondas. Depois dessa breve recuperação, misture bem e meça novamente a temperatura.

Algumas pessoas que residem em países muito frios aquecem brevemente a superfície da pedra com *heat guns* (pistolas de aquecimento de chocolate) e até mesmo água quente, para ter mais conforto na hora da temperagem. Em nosso país tropical, sofremos com a situação inversa. Enfrentamos períodos muito quentes e, se você não dispuser de um ambiente climatizado, a sua pedra morna certamente não proporcionará um efetivo choque térmico. Posicionar uma assadeira com água e cubos de gelo por cerca de 15 minutos em cima de sua área de trabalho, e enxugar bem para depois temperar o chocolate, pode às vezes ser imprescindível. O meu *background* de arquiteta também recomenda ventilação bem distribuída (dois ventiladores em cantos opostos, ou um ar-condicionado portátil) em sua cozinha se ela estiver muito quente.

**Preparo e resfriamento por temperadeira:** se você deseja investir em uma temperadeira profissional e tem o perfil mais administrativo que alma chocolateira, vá em frente. Nesse caso, você não precisa queimar muitos neurônios, pois o ajuste de temperaturas em relação ao derretimento, queda de temperatura e recuperação é feito de modo automático.

# Dando forma
# ao chocolate

Chocolate no ponto para trabalhar?

Tenha de antemão formas limpas e secas; conchas; espátulas; garfos para banhar; folhas de papel-manteiga ou plástico celofane; geladeira limpa, seca e calibrada na temperatura ideal e uma área de trabalho livre. Separe os ingredientes e tenha sempre o termômetro à mão.

A plasticidade do chocolate é fascinante. Seguem abaixo algumas sugestões para você se divertir na cozinha e produzir delicados e deliciosos confeitos de chocolate.

## Confeito banhado

Trufas, *fudges*, *cookies*, frutas secas e bolos podem ser cobertos e os sabores potencializados com chocolate. Confeitos banhados são uma rápida e bonita opção para presentes *homemade* (do tipo "sim, eu que fiz"). Certifique-se de que a base a ser banhada esteja firme e seca para um trabalho confortável.

Se você for destro, disponha o confeito a ser banhado do lado esquerdo, a tigela de chocolate temperado na sua frente e uma superfície forrada com papel-manteiga ou plástico celofane do seu lado direito. À medida que você vai banhando as bases com o auxílio de um garfinho de banhar, vá dispondo os confeitos de forma distal-proximal, isto é, da direita para a esquerda, em fileiras verticais. Desse modo, você evita que eventuais fios de chocolate das bases seguintes a serem banhadas escorram sobre os banhados anteriormente.

Depois de dispor a base banhada sobre a superfície forrada e com o chocolate ainda úmido, você pode salpicar castanhas trituradas, confeitos de açúcar ou *transfers* para chocolate, entre algumas opções. O chocolate apropriadamente temperado cristaliza em cinco minutos em ambiente com temperatura média de 20 °C. Uma vez cristalizado, há outras opções de decoração, como arabescos, filetes de chocolate, respingos, pintura com pós alimentícios misturados com álcool de cereais.

## Trufas

Você pode banhar trufas ou recheios boleados firmes com as mãos vestidas com luvas descartáveis. Essa técnica possibilita acabamento com um toque rústico e artesanal, proporciona uma casca fina e delicada e tem o intuito de manter o formato arredondado da base. Seguindo a mesma orientação do ambiente de trabalho do confeito banhado, coloque um pouco de chocolate nas palmas das mãos e envolva as bolinhas, dispondo-as logo em seguida sobre uma superfície forrada com papel-manteiga ou celofane. Tome cuidado para não colocar chocolate em excesso nas palmas das mãos, pois senão obterá bordas grossas disformes. Verifique, contudo, se não está trabalhando com pouco chocolate a ponto de render uma casquinha demasiadamente fina, que pode trincar durante a cristalização.

### Bombons modelados

Essa técnica permite que você faça bombonzinhos recheados dos mais variados formatos. Como é feito em formas industrializadas, o resultado é padronizado.

Em uma forminha de chocolate previamente limpa e livre de umidade, coloque o chocolate em suas cavidades com o auxílio de uma concha. Tire o excesso com a ajuda de uma espátula e dê leves e repetidas batidinhas para eliminar eventuais bolhas de ar. Devolva o chocolate para a tigela para restar apenas uma delicada camada de chocolate de cerca de dois milímetros. Limpe o excesso, posicione o lado da cavidade sobre uma superfície forrada com papel-manteiga e leve à geladeira para a cristalização. Passados cinco minutos, descole a forminha do papel-manteiga e finalize a cristalização da forma com a boca virada para cima.

Se o seu bombom é pequeno, com até cerca de três centímetros de diâmetro, uma camada já é suficiente. Maior que isso é aconselhável fazer uma segunda demão de chocolate, com a ajuda das costas de uma colher pequena. Dado o tempo de cristalização, entre dez e 15 minutos, verifique se você obteve o visual opaco no fundo da forma. A diminuição do volume de seu chocolate é sinal de que você acertou a fase de temperagem. Palmas!

Após essa primeira etapa da confecção da casquinha, você pode partir para o recheio do seu bombom. Dê preferência a recheios cremosos como uma bela *ganache* para esse tipo de bombom fechado. Você pode colocar o recheio com o auxílio de uma colher ou um saco de confeiteiro. A quantidade ideal de recheio é quando restam três milímetros* até o limite do fechamento de seu bombom.

Certifique-se de que as bordas estão completamente limpas, para uma efetiva vedação. Tampe o bombom com chocolate temperado com o auxílio de uma colher e finalize levando-o à geladeira para cristalizar por cerca de cinco minutos. Desenforme em seguida, recorte eventuais rebarbas usando luvas e tesoura de uso culinário. Decore com arabescos ou embale a gosto.

*Caso seja um bombom do tipo licoroso, deixe cinco milímetros de borda para uma efetiva vedação e garantia de vida de prateleira.

## Tacinhas, copinhos e tulipas

Podemos brincar com alguns objetos inusitados, como bexigas infladas ou copinhos plásticos de café, que servem como moldes para criarmos delicados recipientes de chocolate a serem preenchidos com doces cremosos, licores ou confeitos prontos.

Uma bexiga pequena inflada e mergulhada em chocolate temperado pode se transformar em uma adorável tacinha de sobremesa individual minutos depois. Para tanto, segure a bexiga pela ponta, mergulhe parte dela no chocolate temperado, apoie-a delicadamente sobre uma superfície forrada com papel-manteiga e leve para cristalizar na geladeira por alguns minutos. Passado o tempo de cristalização, segure a bexiga e estoure-a com uma tesoura. A bexiga se soltará com facilidade, restando apenas a estrutura de chocolate. Da mesma forma, você pode fazer uma versão "família", usando uma bexiga maior ou fazendo uma taça de formato alongado, banhando a bexiga no sentido longitudinal. No caso de taças grandes, um segundo banho após o primeiro tempo de cristalização é recomendável para reforçar a estrutura.

Você também pode utilizar copinhos de café ou forminhas de papel de docinhos como molde. Para criar essas bases, preencha as cavidades do copinho ou da forminha com chocolate temperado, dê leves batidinhas para eliminar eventuais bolhas e volte o excesso de chocolate para a tigela. Raspe cuidadosamente a borda para limpar as sobras e leve à geladeira com a boca voltada para baixo, apoiada sobre uma superfície forrada com papel-manteiga. Depois de cinco minutos, desgrude a forminha da base forrada e finalize a cristalização com a boca voltada para cima. Passados dez minutos, rasgue a forminha de papel ou copinho plástico, obtendo a base pronta para ser utilizada.

## Tipos de formas

As primeiras formas de chocolate eram confeccionadas em metal, cobertas com estanho, que as protegiam contra ferrugem e proporcionavam uma superfície brilhante para a modelagem. Para um bom trabalho, independe se o molde é feito de metal ou de plástico, contanto que o seu interior seja liso e brilhante. No entanto, as formas profissionais atuais são leves, transparentes, com incrível precisão de desenho e bem mais acessíveis, já que as de ferro são vistas hoje como itens de desejo de colecionadores.

Existem basicamente três materiais de formas de chocolate disponíveis no mercado brasileiro:

**PET ou PVC:** as mais baratinhas e largamente comercializadas são de um material plástico bem frágil. O grande problema dessas formas seria, evidentemente, a sua vida curta. O seu desenho sem precisão, brilho reduzido à medida que vão sendo reutilizadas e cavidades não uniformes também devem ser considerados. Por outro lado, o seu custo permite que você tenha em mãos uma grande variedade de formatos, com reciclagem constante.

**Polipropileno:** de aparência branco-leitosa, essas formas de produção nacional possuem boa relação custo-benefício. Como são feitas com material firme, possibilitam grande número de cavidades por forma, aumentando a sua produtividade. Por serem translúcidas, a visualização do momento de contração do chocolate pode ser dificultada. As cavidades não são uniformes dependendo do desenho e o seu brilho é satisfatório.

**Policarbonato:** também conhecidas como formas profissionais injetadas de chocolate. De material rígido e cristalino, são as melhores formas que existem no planeta. O único problema seria o seu custo, já que grande parte da oferta no mercado são peças importadas, produzidas principalmente na Bélgica, Itália, China e França.

## Higienização das formas de chocolate e utensílios

As formas de chocolate devem ser lavadas com água morna, esponja não abrasiva e sem o uso de detergente, que remove a gordura natural presente nas formas após o seu uso. A pequena presença dessa gordura auxilia na hora da desmoldagem de sua próxima leva.

Você pode reutilizar a mesma forma até três vezes seguidas, sem a necessidade de lavá-la. Mais do que isso, já acho abuso. Os utensílios devem ser lavados com água morna e detergente.

## Cristalização na geladeira

Podemos acelerar a cristalização do chocolate colocando-o recém-modelado na geladeira. A diferença de temperatura entre o ambiente de trabalho e o ambiente de resfriamento não deve ser muito grande, para evitar que a condensação de umidade sobre o produto possa fazer o chocolate suar e até gelificar. Durante o verão, a potência da geladeira deverá estar entre média e máxima e durante o inverno deverá ficar na mínima. A diferença ideal de temperatura entre o ambiente de trabalho e a geladeira é de no máximo 10 °C. Indica-se, então, que a temperatura da geladeira seja de 10 °C e que o ambiente esteja a 20 °C. Por isso, sugere-se que o trabalho com o chocolate seja feito em horas mais frescas do dia ou que o ambiente seja refrescado com ventilador ou ar-condicionado.

## Desmoldagem

Se você cumpriu o ritual de preparo do seu chocolate com sucesso (derreteu-o em temperaturas medianas, proporcionou temperagem adequada e sua cristalização se deu em uma geladeira calibrada), ele deverá estar pronto em aproximadamente 15 minutos.

O volume do chocolate vai diminuir graças ao poder de contração da manteiga de cacau e o fundo da sua forminha consequentemente se tornará visualmente opaco. A extração das cavidades deve ser feita com facilidade.

Para desmoldar os seus bombons feitos em formas rígidas de policarbonato ou polipropileno, torça a forma e bata contra uma superfície com vigor. Os bombonzinhos deverão se desprender com facilidade. Caso esteja utilizando formas flexíveis de PVC, massageie delicadamente a região que circunda a cavidade e bata contra uma superfície, desmoldando os bombonzinhos.

### *Blooms da vida*

Quem já se frustrou ao abrir uma embalagem bonita de chocolate fino recebido de presente e se deparou com um tablete feio, manchado e esbranquiçado levante a mão. Antes de maldizer a pessoa que o presenteou, conheça os *blooms* da vida.

A palavra de origem inglesa *bloom* refere-se ao visual problemático característico de um chocolate que não foi temperado ou estocado corretamente. No caso, há uma desestabilização química, pela qual os cristais de açúcar ou da manteiga de cacau emergem para a superfície em sinal de que "algo está errado".

Temos dois tipos de *bloom*:

*Fat bloom:* vamos retomar o exemplo do chocolate recebido como presente. Se for gringo, provavelmente enfrentou temperaturas negativas no bagageiro do avião. Ao desembarcar em terras brasileiras, encontrou um ambiente muito quente e abafado. Essa grande variação de temperatura desestabiliza o chocolate, fazendo que a manteiga de cacau migre para a superfície. Apesar de feio e esbranquiçado, você pode derreter o chocolate com *fat bloom* e temperá-lo de novo, caso seja um tablete ou um bombom maciço, e recuperar a estabilidade dos cristais da manteiga de cacau, voltando a ter um visual perfeito.

Outra situação comum que propicia o aparecimento de *fat bloom* é quando a temperagem é feita de modo incorreto, obtendo uma cristalização instável. O visual é o de um bombom marmorizado, com veios ou riscos.

*Sugar bloom:* no início da minha carreira, errei inúmeras vezes o ponto certo da temperagem do chocolate, e consequentemente o poder de contração dos bombonzinhos não era pleno. O tempo prolongado de geladeira ou o pedido de socorro ao freezer na tentativa de desmoldá-los faz esses bombons suarem instantaneamente, assim que retirados da forma. Submeter o bombom a um tempo muito prolongado de geladeira, ou ao ambiente ultraúmido do freezer, faz ele suar por horas, às vezes dias!

Findado o suadouro infinito, você repara que a superfície do seu bombom está opaca, esbranquiçada e, em casos extremos, levemente áspera.

Muito prazer, *sugar bloom*.

O *sugar bloom* normalmente é causado pela umidade excessiva no ambiente ou tempo prolongado na geladeira. Durante o "lufa-lufa", os cristais de açúcar no chocolate se dissolvem e migram para o exterior. Quando a umidade evapora, os cristais de açúcar permanecem na superfície, resultando em um visual áspero, textura granulosa, além de poder ficar pegajosa e manchada.

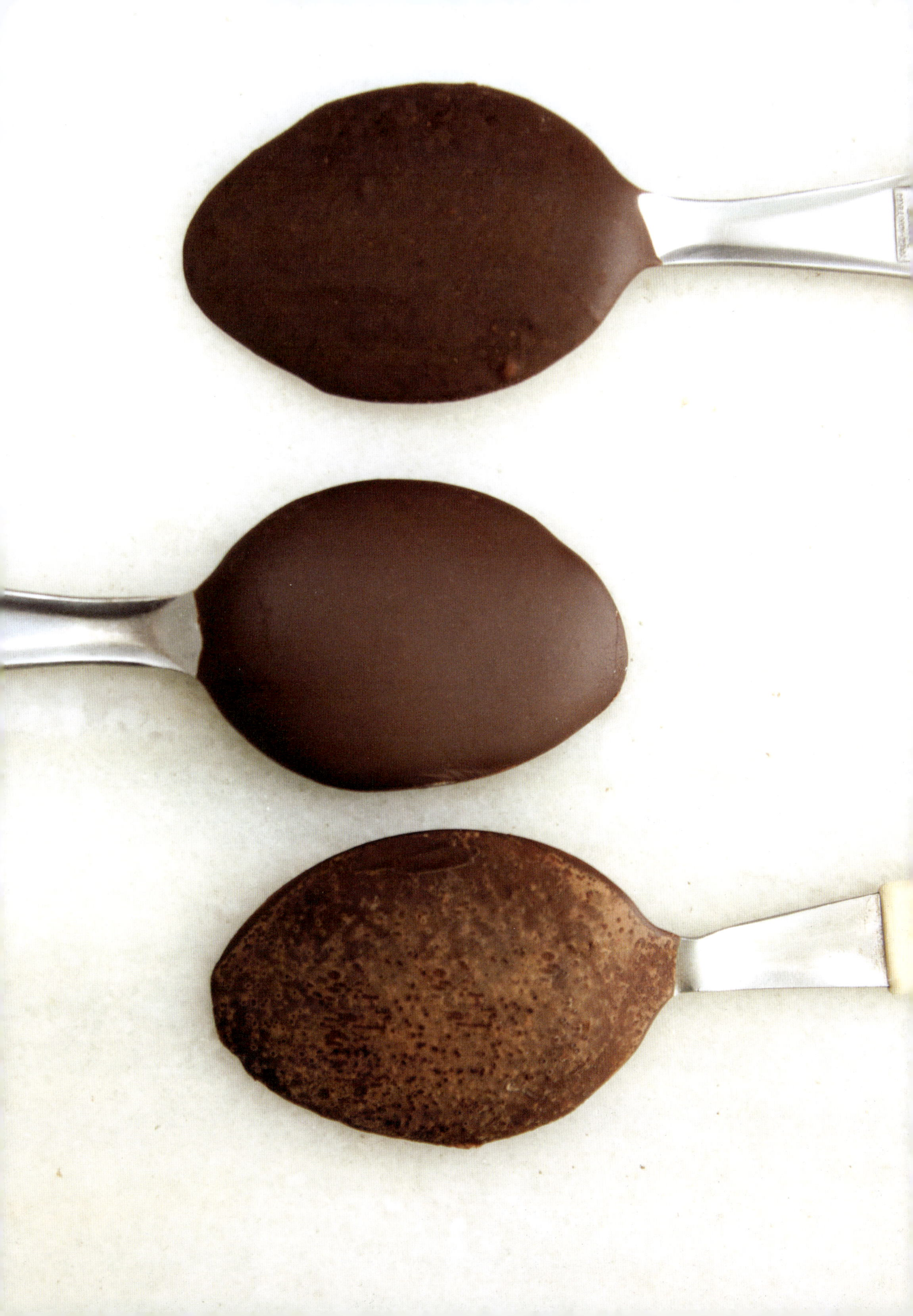

# Tipos de chocolate

Conhecemos o chocolate sob o formato de barras, tabletes e confeitos. Essa representação visual é tão forte que certas pessoas se esquecem de que a sua base é um fruto.

O cacau nasce na árvore cacaueiro, também denominado de *Theobroma cacao* – o meu tão evocado santo Theobroma Cacao. De tamanho grande e formato oval, o cacau possui uma coloração encantadora que varia entre tons de laranja, amarelo, verde e vermelho. Em seu interior, encontramos uma borda amarelada e uma polpa branca deliciosa e fresca que remete ao sabor de lichia e à textura de atemoia – em nada lembra o doce chocolate. Dentro dessa suculenta polpa branca surgem as sementes, que são chamadas de amêndoas. Elas, depois de colhidas, são limpas, fermentadas e secas nas próprias fazendas de cacau. Feito esse processo, os grãos são enviados para as indústrias de chocolate.

Na indústria, o grão é limpo, vai para a torrefação e para o descasque, obtendo-se os NIBs, que vão para a moagem, transformando-se em massa de cacau, também conhecida como pasta de cacau ou licor de cacau. A massa de cacau é o espírito de uma barra de chocolate e é o que proporciona o sabor proeminente de cacau. Quanto maior a porcentagem de sólidos de cacau em uma barra, mais pura ela é.

Essa massa de cacau pode ir para a prensa, cuja separação dá origem a dois ingredientes queridos: a manteiga de cacau e o cacau em pó. A massa de cacau também pode dar início à produção do nosso adorado chocolate. No caso de um chocolate ao leite, por exemplo, adiciona-se açúcar, aromas e leite em pó. O viscoso chocolate industrial nessa etapa é refinado para não sobrar nenhum resquício sólido indesejável durante a sua degustação. Adiciona-se manteiga de cacau e emulsificantes. A seguinte e demorada fase, chamada de conchagem, transforma essa massa em um líquido cremoso com menor viscosidade, partículas reduzidas, com textura macia e aveludada, aromático, homogêneo e equilibrado.

O chocolate é finalmente temperado, modelado, cristalizado, embalado e despachado.

Depois dessa longa jornada eis você, parado de boca aberta no corredor de chocolates, perdido em meio a uma imensidão de marcas, tipos e embalagens coloridas.

E agora... qual escolher?

Costumamos categorizar sob a denominação "chocolate" tanto o confeito, que é comercializado nas baias de padaria e exposto às mais loucas variações térmicas, como as infindáveis guloseimas achocolatadas presentes nas prateleiras dos mercados, ou os tabletes *gourmets* com alta porcentagem de sólidos de cacau, apresentados em embalagem sofisticada e conservados em ambientes finos e climatizados. Apesar de todos serem chamados de chocolate, nitidamente há entre eles grande diferença de qualidade, preços e sabores.

**Chocolate *gourmet*:** o chocolate conhecido como "nobre" ou *gourmet* impõe respeito com toda a razão. A maioria das barras de chocolate *gourmet* ao nosso alcance são de origem belga e francesa. Dispomos apenas de uma marca orgânica nacional *gourmet*.

Um chocolate de boa procedência tem aparência encantadora: brilho, dureza em temperatura ambiente e ao degustar, sem esforço algum, derrete quase que instantaneamente em nossa boca, proporcionando a desejada sensação de puro deleite.

Por que ele é tão gostoso?

A primeira explicação: o sabor de cacau é proeminente, forte, devido à presença de grande porcentagem de sólidos de cacau. As amêndoas são de origem selecionada, controlada e de excelente qualidade. São barras com um mínimo de 30% de sólidos de cacau como pede a legislação internacional – já encontramos no mercado barras com 100% de cacau.

A segunda explicação: a manteiga de cacau é a única gordura presente na composição desse chocolate. Natural do fruto cacau, a manteiga proporciona a gostosa sensação de derretimento instantâneo em nossa boca. Como o seu ponto de fusão é baixo (aproximadamente 34 °C), derretemos um pedacinho de chocolate com o nosso calor corporal com extrema facilidade, sem a necessidade de mastigá-lo.

**Chocolate culinário nacional:** o chocolate para uso culinário nacional possui menor porcentagem de sólidos de cacau em relação ao *gourmet* e gorduras vegetais alternativas em sua composição, substituindo em até 15% do volume da manteiga de cacau. Permitidas pela legislação nacional, essas gorduras vegetais possuem comportamento semelhante à manteiga de cacau em relação à curva de temperatura (ponto de fusão e temperagem) e *snap* notado no produto final. A sua presença em uma barra de chocolate barateia o custo e aumenta a vida de prateleira.

Certamente todos desejam trabalhar com o melhor. Todavia, é preciso ter estrutura e bom-senso para viabilizá-lo, além do fato real de que a maioria da população brasileira tem ao seu alcance apenas barras culinárias nacionais. Se esse for o seu caso, fique tranquilo. A maioria das barras nacionais faz uso de gorduras muito semelhantes às do cacau, com qualidade final boa. Fazendo combinações harmônicas e explorando sabores, fazemos dessa uma matéria-prima com ótimo resultado final.

**Chocolate branco:** tem como ingredientes principais a manteiga de cacau, o açúcar e o leite. O chocolate branco de boa qualidade é aquele que possui uma aparência amarelada, indicando a presença de manteiga de cacau. Apesar de ter a gordura natural de cacau em sua composição, não possui massa de cacau e por isso não é considerado de fato... chocolate.

No entanto, o chocolate branco é uma base neutra perfeita para realizar brincadeiras de sabor, justamente pelo fato de ele não possuir um sabor proeminente de cacau. Ingredientes como sucos cítricos, geleias, chás e pastas de castanhas são facilmente incorporados em uma mistura de chocolate branco e creme de leite (*ganache*). Os sabores envolvidos tornam-se os protagonistas da história enquanto o chocolate branco humildemente aceita o papel de coadjuvante.

**Chocolate amargo:** quanto maior a porcentagem de sólidos, mais proeminente é o sabor do cacau e, assim, maior deve ser o respeito em relação à intromissão de sabores, para não entrar em desarmonia. No caso do chocolate amargo, costumamos ver combinações sutis de aromas como chás, especiarias e licores, garantindo o papel do ator principal ao chocolate amargo.

**Cobertura sabor chocolate:** qual criança nunca se deliciou com confeitos que parecem, mas que na verdade não são de fato chocolate? O seu aspecto é brilhante e bonito, porém ao degustá-lo você percebe imediatamente que ele possui uma estranha consistência de cerinha e não derrete nunca em sua boca. É preciso mastigá-lo, desgrudá-lo do céu da boca, para só então engoli-lo. O sabor de chocolate é paupérrimo, o sabor pronunciado é de gordura, e nota-se grande quantidade de açúcar em sua formulação.

É a conhecida cobertura sabor chocolate, pecaminosamente chamada de "chocolate" hidrogenado ou fracionado. No caso dessa cobertura, todo o volume de manteiga de cacau (que proporciona a sensação gostosa de derretimento na boca) é substituído por gordura vegetal hidrogenada (ui!) ou gorduras modificadas, e possui baixa porcentagem de sólidos de cacau.

O seu chamariz comercial: um chocolate que não necessita passar pelo ritual de temperagem.

Que maravilha, não? (Sorrindo ironicamente.) Não necessita de temperagem, pois não possui manteiga de cacau em sua composição e, consequentemente, não há cristais que se desestabilizam quando fundidos. De fácil uso, é só derreter e modelar ou banhar bombons. A secagem é rápida, o brilho do produto final impressiona, e possui alta resistência térmica. Entretanto, devo alertá-lo da seguinte verdade: quem trabalha com chocolate hidrogenado ou fracionado não trabalha de fato com chocolate, ok?

Enfim... existem chocolates e chocolates. Chocolates nobres... chocolates plebeus. Apesar de abrigados sob a mesma denominação, distinguem-se um do outro no quesito qualidade, proporcionando naturalmente um resultado drasticamente diferente.

## É interessante saber...

**Manteiga de cacau:** a manteiga de cacau é a gordura mais cara da confeitaria. É natural do fruto cacau e a "santa" salvadora das causas quase perdidas no mundo da chocolateria.

Encontramos a manteiga de cacau pronta para utilização, desodorizada, e o seu visual é semelhante a um chocolate branco no estado sólido. Derretida, se assemelha a uma manteiga de garrafa amarelada e se mantém nesse estado líquido por horas. O seu derretimento é feito de forma semelhante ao do chocolate, sempre em temperaturas medianas. A sua aplicação é voltada para corrigir chocolates desidratados, diminuindo a sua viscosidade, ou corrigir o chocolate empastado que teve intromissão de algumas gotinhas de líquido. Serve também para afinar a mistura de chocolate, caso deseje bombons banhados com casca bem fina, e, se colorida com corantes próprios, faz um belo trabalho decorativo com auxílio de um aerógrafo.

**Ganache:** nada mais é do que a famosa misturinha de chocolate e creme de leite. Há também bases de *ganache* que envolvem manteiga, glicose ou mel, proporcionando diferentes texturas. Dependendo da proporção utilizada de chocolate e creme de leite, obtém-se diferentes pontos de *ganache*, como mostrado no exemplo abaixo.

> **Exemplo de proporções feitas com chocolate meio amargo:**
>
> *Proporção 1:1* (chocolate: creme de leite\*): obtém-se um ponto cremoso. Sua utilização é ideal para recheios, coberturas de bolos e bombons fechados.
>
> *Proporção 1:2* (chocolate: creme de leite\*): obtém-se um molho de chocolate, ideal para acompanhar sorvetes, bolos e outras sobremesas.
>
> *Proporção 2:1* (chocolate: creme de leite\*): ponto firme ideal para trufas boleadas, cortadas e trabalho com saco de confeiteiro.

\* *proporções feitas com chocolate nacional meio amargo e creme de leite UHT, com teor de gordura 25%.*

Quanto maior a porcentagem de sólidos de cacau, maior é o poder de firmeza proporcionado à *ganache* ou qualquer outro doce que envolva esse chocolate. Portanto, as proporções acima podem variar, dependendo do tipo de chocolate. O chocolate amargo naturalmente possui uma porcentagem maior de sólidos de cacau em relação ao chocolate meio amargo, que por sua vez possui uma porcentagem maior de sólidos em relação ao chocolate ao leite. Como o chocolate branco não apresenta sólidos de cacau, ele não tem poder de firmeza e proporciona misturas desandadas se essa questão não for observada. Nesse caso, a quantidade de creme de leite deve ser drasticamente reduzida para obter um ponto condizente ao do exemplo citado acima.

**Creme de leite:** geralmente utilizo cremes de leite UHT, com 25% de gordura, que proporcionam às *ganaches* uma vida de prateleira maior em relação às feitas com cremes de leite frescos pasteurizados. No mercado, encontramos grande variedade de cremes de leite, com teores de gordura que variam entre 15% e 35%.

Particularmente acho que as receitas de chocolate envolvendo creme de leite deveriam mencionar sua porcentagem de gordura. Desse modo, a chance de obter um ponto condizente ao da receita mostrada é praticamente garantida. Mediante o grande número de variações de teor de gordura no mercado, a probabilidade de errar o ponto é grande.

Por quê? Saiba que a regrinha para utilização de creme de leite segue um raciocínio semelhante ao da porcentagem de sólidos de cacau: quanto maior a porcentagem de gordura no creme de leite utilizado, maior a firmeza proporcionada à sua *ganache*. Portanto, o ponto de uma receita vai ser completamente diferente se você utilizar um creme de leite com 15% ou 35% de gordura. Se você fizer um teste de *ganache* com esses dois cremes de leite, irá reparar que o primeiro renderá uma mistura muito mais fluida que o segundo.

Caso tenha em mãos um creme de leite com menor porcentagem de gordura do que o mencionado na receita, tenha consciência de que, se colocar a mesma quantidade, o seu ponto ficará bem mais fluido do que o original. Nesse caso, você deve diminuir a quantidade de creme de leite envolvido para obter um ponto equivalente. O mesmo raciocínio deve ser aplicado caso encontre apenas cremes de leite com alta porcentagem de gordura. Você deve então aumentar a quantidade de creme de leite envolvido, para não obter um doce muito duro e seco.

Se você é fã dos saborosos cremes de leite frescos, fique à vontade e seja feliz. Contudo, aconselho fervê-lo brevemente na tentativa de estender a sua vida de prateleira.

**Conservantes naturais:** o álcool do conhaque ou do rum atua como um conservante natural em uma *ganache*. Ele tem a capacidade de dobrar a vida de prateleira de uma *ganache* em relação a outra que não leva a bebida em sua composição. Para cada oitocentos gramas de *ganache*, recomendo cerca de três colheres de sopa de conhaque. Não se preocupe, pois o seu sabor não é notado, já que o álcool evapora rapidamente.

A glicose de milho ou o mel também ajudam a estender a vida de prateleira. Apenas uma colher de sopa para o mesmo volume citado acima é suficiente para garantir maior estabilidade.

**Equipamentos de trabalho:** o trabalho com chocolate envolve poucos equipamentos, que geralmente fazem parte da estrutura de uma cozinha convencional: geladeira, micro-ondas, fogão, uma mesa de trabalho de pedra, espátulas de silicone, facas, colheres, tigelas próprias para micro-ondas, ou tigelas inox para banho-maria, torneira com água quente, formas e moldes. No entanto, é imprescindível investir em uma balança digital com precisão de gramas, termômetro, luvas, sacos e bicos de confeiteiro, espátulas de inox e garfinhos de banhar.

# Quadro de equivalências

Por favor, não torça o nariz para mim. Você deve ter reparado que a maioria dos ingredientes são dados em gramas no livro, certo? No mundo da confeitaria preza-se o uso de balanças digitais para um trabalho preciso. Acredito que por meio da medição dos ingredientes em gramas chegamos a um resultado geral condizente ao esperado. Por exemplo, dependendo da dimensão das partes picadas, uma xícara de chá pode pesar de 160 a duzentos gramas. Por fim, sempre que possível, meça inclusive os ovos e os líquidos na balança digital. Algumas receitas envolvem uma quantidade ínfima de líquidos e seria difícil aferir com precisão um volume de 15 mililitros.

Dicas:
* Peneire os ingredientes secos antes da medição.
* Utilize xícaras e colheres medidoras.
* Disponha o ingrediente no recipiente de medida sem comprimi-lo. Ingredientes secos devem ser nivelados com uma faca reta, tendo como referência o limite da xícara.
* Ingredientes que possuem gorduras sólidas devem ser medidos em temperatura ambiente. Para tanto, retire-os com antecedência da geladeira.
* Utilize ovos sempre em temperatura ambiente. Para obter o peso exato de ovos, quebre-os, disponha em uma vasilha e bata com um garfo, para só então pesá-los.

## Nomenclatura para ovos

| Tipo | Peso por unidade |
|---|---|
| Jumbo | mínimo de 66 g |
| Extra | entre 60 g e 65 g |
| Grande | entre 55 g e 59 g |
| Médio | entre 50 g e 54 g |
| Pequeno | entre 45 g e 49 g |

## Equivalência de medidas em gramas

| Produto | ¼ de xícara | ½ xícara | 1 xícara | 1 colher (sopa) | 1 colher (chá) |
|---|---|---|---|---|---|
| Açúcar refinado | 43 | 85 | 170 | 10 | 5 |
| Açúcar de confeiteiro | 35 | 70 | 140 | 8 | 4 |
| Açúcar mascavo | 45 | 90 | 180 | 11 | 5 |
| Água/leite/óleo/outros líquidos* | 60 | 120 | 240 | 15 | 8 |
| Cacau em pó/achocolatados | 30 | 60 | 120 | 5 | 3 |
| Castanha | 30 | 60 | 120 | 10 | 5 |
| Chocolate picado | 45 | 90 | 180 | - | - |
| Creme de leite | 58 | 115 | 230 | 15 | 8 |
| Especiarias em pó | - | - | - | 8 | 4 |
| Farinha de trigo | 30 | 60 | 120 | 10 | 5 |
| Leite em pó | 25 | 50 | 100 | 10 | 5 |
| Manteiga derretida | 50 | 100 | 200 | 20 | 10 |
| Mel | 80 | 160 | 320 | 20 | 10 |
| Nozes | 25 | 50 | 100 | 8 | 4 |

\* A maioria dos líquidos de densidade semelhante à da água possui a mesma medida em gramas e mililitros. Assim, duzentos gramas de água equivalem a duzentos mililitros.

| Produto | 1 caixinha | 1 lata |
|---|---|---|
| Creme de leite | 200 g | 300 g |
| Leite condensado | 395 g | 395 g |

# Receitas

# O primeiro encontro

Dois personagens se encontram na cozinha: você e uma bela barra de chocolate.

Você olha para ela com empolgação e ternura. Ela lhe devolve um olhar soberano e desafiador. Os seus joelhos timidamente ensaiam um tremor e a sua autoconfiança até então inabalável começa a ruir. Você tenta disfarçar fugindo os olhos para o lado e inconscientemente inicia uma repetição mental boba e exaustiva de palavras de automotivação, que se assemelhariam a um mantra de boa sorte barato: "Vai dar certo! Vai dar certo!".

Após despi-lo, você inicia o ritual de derretimento do chocolate.[1] Desta vez no micro-ondas, já que na última vez em banho-maria você queimou o dedo e, estabanada, deixou cair gotinhas de água, e o chocolate que era fluido virou uma maçaroca quase que instantaneamente. Afinal, "sendo o micro-ondas um ambiente seco...".[2]

Erroneamente, você se esquece de calibrar a potência e começa a sentir um cheiro intenso de fumaça e depara-se com uma tigela cheia de chocolate queimado.[3]

"Sim, vamos tentar novamente. Não posso desistir!" – você retruca com os seus botões, abanando loucamente a porta da cozinha para afugentar a fumaça e resquícios de uma segunda tentativa malsucedida.

Chocolate picado, potência do micro-ondas calibrada, tempo acertado: checado.

Minutos depois, você passa do inferno ao paraíso admirando a tigela repleta de chocolate derretido, fluido, sensual e perfumado. Glória!

O breve momento de festa dá lugar a um semblante de preocupação e rugas na testa começam a brotar. Eis o fatídico momento da temperagem do chocolate.[4]

.................................................................................

[1] O chocolate picado sempre deve ser derretido em temperaturas medianas, isto é, por banho-maria em baixa fervura, por potência 5, 50% ou média de seu micro-ondas ou por derretedeira elétrica. O chocolate não pode ser derretido em uma panela na chama direta do fogão ou na potência alta do seu micro-ondas. Ele queima com extrema facilidade, devido à grande quantidade de açúcar presente em sua composição.

[2] Algumas gotinhas de água, ou qualquer outro líquido, são suficientes para transformar o seu chocolate líquido em uma mistura pastosa, impossível de trabalhar. A correção do chocolate empastado é feita pela adição de manteiga de cacau desodorizada derretida e mistura vigorosa com um *fouet* (batedor manual).

[3] Uma vez queimado, o seu chocolate não tem solução, senão a de comer o próprio chocolate que o diabo queimou.

[4] Temperar um chocolate não significa adicionar sal e pimenta. O termo temperagem, também conhecido como choque térmico ou pré-cristalização, está ligado à palavra "temperatura" e não a "tempero"! Aliás, você já se perguntou por que necessitamos temperar um chocolate? (veja a explicação na página 16).

Em vez de jogar o chocolate no mármore e fazer uma sujeirada desgracenta, você tem uma brilhante ideia: deixá-lo esfriar naturalmente. E com essa simples solução você vai assistir à TV e, uma hora depois, voltar e lançar um olhar triunfante para a tigela que hiberna em cima da bancada. Está no ponto!

Aos trancos e barrancos você faz bombons em uma forminha plástica e taca na geladeira cheia, úmida e ao lado de um bonito peixe fresco que será preparado no jantar.[5]

"Ah, me disseram que dentro de 15 minutos o fundo da minha forminha de chocolate deve estar opaco!" – você pensa, batendo palminhas.[6]

Passado o tempo necessário, o visual nada mudou. Botando a culpa na potência da geladeira, resolve castigar a forminha deixando-a esquecida no ambiente gelado. E, mesmo assim, nada acontece.

"Impossível desenformar!" – choraminga, apertando e torcendo insistentemente a pobre forminha.

Tendências psicopatas surgem em seus pensamentos e você resolve colocar a bendita forminha no congelador. Agora vai!

O chocolate, que não é bobo, resolve ceder para não morrer congelado.

"Aleluia! Consegui desenformar todos os bombons!" – comemora fazendo uma dancinha.

O chocolate inicia a sua vingança aos maus-tratos recebidos: "Não tive o privilégio de receber um preparo apropriado, fui parar ao lado de um peixe morto na geladeira e agora estou fedendo a arenque, e morri congelado no freezer...".

A tensão se manifesta na forma de uma aparência marmorizada e um suadouro danado e infinito. Você tenta segurar o chocolate para acalmá-lo, mas ele gruda e derrete em suas mãos.

Você reza e acende uma vela para o santo Theobroma Cacao[7] em vão...

Saibam que o chocolate é impiedoso. E o final dessa história é inevitável: um chocolate opaco, manchado, levemente áspero e sensível ao toque da sua mão, além de martírios e olhos esbugalhados de uma iniciante no mundo dos chocolates.

Aposto uma moedinha como várias pessoas que trabalham ou tentaram se aventurar com chocolates já passaram por esse tipo de situação.

Eu mesma já passei.

.................................................................

[5] Tentei criar o pior ambiente possível, me desculpem. Para trabalhar com chocolates, a sua geladeira deve estar vazia e previamente seca com um pano. Dessa forma, o seu chocolate estará livre do perigo de umidade excessiva e odores.

[6] A maioria das explicações sobre a confecção de um bombom pede que a forminha preenchida com o chocolate temperado seja refrigerada até você visualizar um fundo de aparência opaca. Mas por que raios ele deveria estar opaco? (veja a explicação na página 27).

[7] *Theobroma cacao*, popularmente conhecido como cacaueiro, é a árvore que dá origem ao fruto cacau. Costumo brincar, canonizando essa árvore que é a origem do nosso amado chocolate.

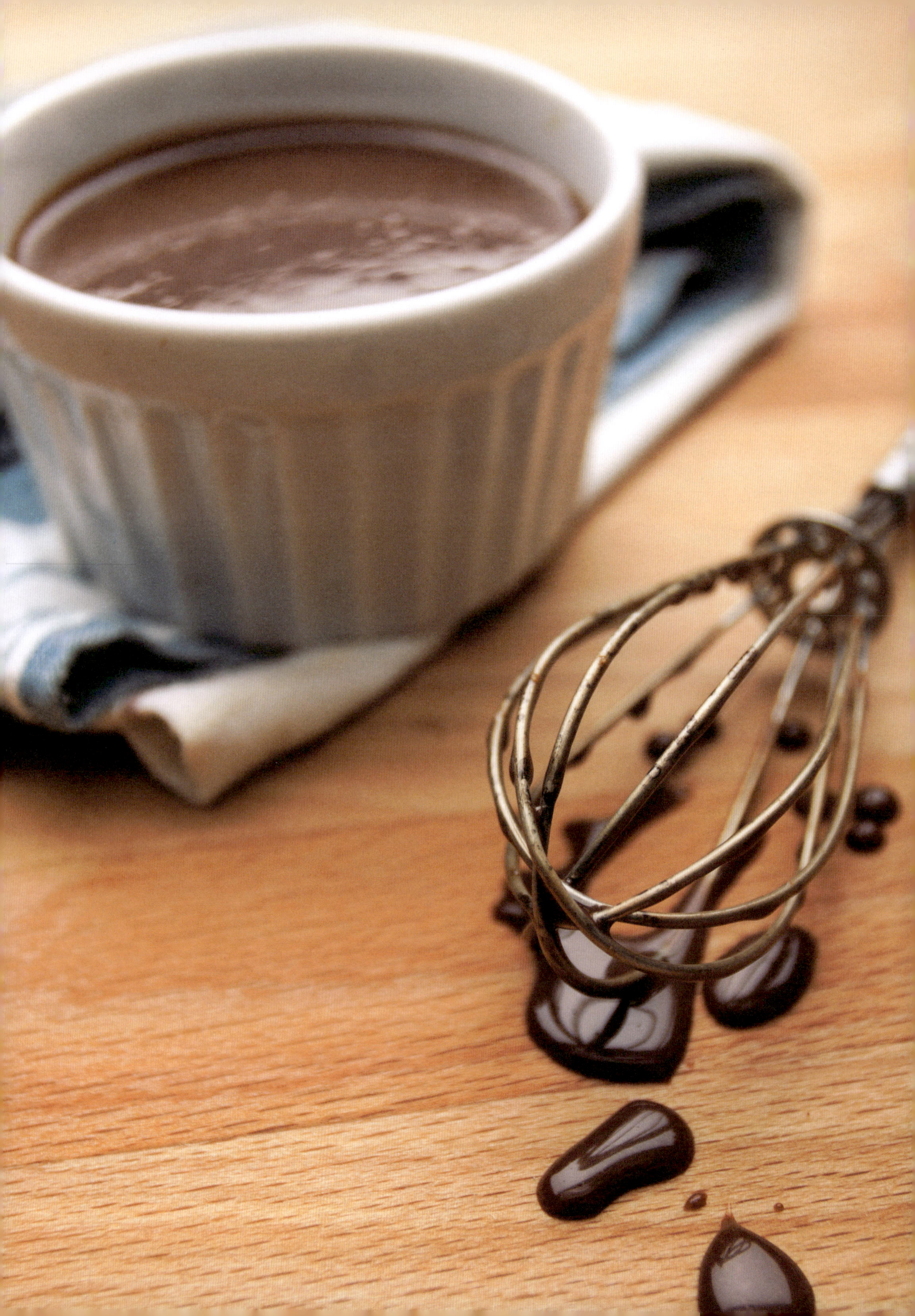

# Calda básica de chocolate

A primeira receita é uma boa calda de chocolate, que proporciona um *upgrade* no bolo mais simples do pedaço. Você pode trocar o tipo de chocolate, obtendo versões diferentes e dando-lhes sabor a gosto. No entanto, fique atento às porcentagens de sólidos de cacau e de gordura do creme de leite utilizado (leia "*Ganache*" e "Creme de leite" em "É interessante saber…", no capítulo "Tipos de chocolate"), pois certamente você obterá pontos totalmente diferentes com a mudança de um ou outro ingrediente.

Quer uma dica? Bolo de chocolate (página 182) com calda "nada" básica de chocolate! E a dieta que vá para o espaço!

**Rendimento:**

450 g de calda

**Ingredientes:**

* 180 g de chocolate meio amargo picado
* 240 g de creme de leite fresco
* 10 g de cacau em pó peneirado
* 20 g de açúcar refinado peneirado

**Variações:**

Adicione 60 ml de licor de chocolate, de cacau, de menta ou o seu preferido

**Modo de fazer:**

Derreta o chocolate no banho-maria ou na potência média do micro-ondas, conforme instruções do capítulo "Tratamento de realeza". Quando o chocolate estiver completamente derretido, adicione o creme de leite e misture vigorosamente com uma espátula ou *fouet*. Acrescente os demais ingredientes e misture até obter uma calda lisa, livre de grumos.

**Utilizado:**

Cacau em pó Callebaut, gotas de chocolate amargo com 53,8% de cacau e creme de leite fresco com 35% de gordura.

*Você pode mudar o tipo do chocolate e fazer uma calda de chocolate ao leite ou chocolate branco. No caso da calda branca, elimine o cacau em pó e enriqueça com pasta ou fava de baunilha. O ponto naturalmente ficará mais fluido, e a calda, sem sombra de dúvida, deliciosa.*

# Calda rica de brigadeiro

A união do chocolate com o leite condensado é esplendorosa e não tem jeito, agrada muito o paladar dos brasileiros. Em vez de achocolatados, pobres em cacau, a seguinte calda preza por chocolate meio amargo ou amargo para um equilíbrio na doçura e no sabor proeminente de cacau.

É uma calda rápida e simples de fazer. Você pode aplicá-la sobre bolos, sorvetes ou servir como um *fondue express*, acompanhado de morangos tentadores. O melhor de tudo é poder congelá-la tranquilamente por trinta dias e ter à mão sempre que necessário.

**Rendimento:**

Aproximadamente 630 g de calda

**Ingredientes:**

* 150 g de chocolate amargo ou meio amargo picado
* 395 g de leite condensado
* 12 g de manteiga
* 100 g de creme de leite

*Sugestão:*
*Calda mentolada de brigadeiro*

*Você pode adicionar à receita acima licor de menta (cerca de 120 ml ou a gosto), essência de menta (cerca de 15 gotinhas ou a gosto) ou tabletinhos After Eight (chocolate com recheio de menta) derretidos em banho-maria. No caso da utilização do After Eight, substitua o chocolate da receita pela seguinte proporção: 20 tabletinhos para cada 120 g de leite condensado.*

**Modo de fazer:**

Derreta o chocolate no banho-maria ou na potência média do micro-ondas, conforme as instruções do capítulo "Tratamento de realeza". Quando o chocolate estiver completamente derretido, adicione o leite condensado e misture vigorosamente com uma espátula ou *fouet*. Junte os demais ingredientes e misture até obter uma calda lisa, livre de grumos.

**Utilizado:**

Chocolate amargo com 53,8% de cacau belga, creme de leite UHT com 25% de gordura.

# *Smoothie* de banana, chocolate e café

Este *smoothie* é um verdadeiro primor no verão, especialmente no café da manhã. Refrescante, vibrante e cheio de personalidade, é um tapa na cara para despertar o bom humor e deixá-lo pronto para enfrentar os leões de nosso dia a dia.

Você pode batê-lo na noite anterior, dispor em um vidro com tampa e manter na geladeira até a manhã seguinte. Para o desjejum, é só chacoalhar o vidro, abrir a tampa, colocar um canudo e beber. Delícia.

Caso deseje explorar outros sabores, você pode substituir o pó de café por pasta de avelã ou amendoim; o leite de vaca pelo de soja; e, para uma versão gorda, adicionar calda pronta de caramelo ou chocolate.

**Rendimento:**

1 copo grande

**Ingredientes:**

* 1 banana-nanica média madura
* 120 ml de leite
* 1 colher (chá) de café solúvel
* 10 g de chocolate em pó com 50% de cacau
* 15 g de açúcar refinado (opcional)

**Modo de fazer:**

Corte a banana em rodelas e congele.

Disponha a banana congelada e o restante dos ingredientes no liquidificador e bata bem. Sirva a seguir ou mantenha na geladeira.

**Utilizado:**

Banana-nanica, leite semidesnatado e chocolate em pó com 50% de cacau.

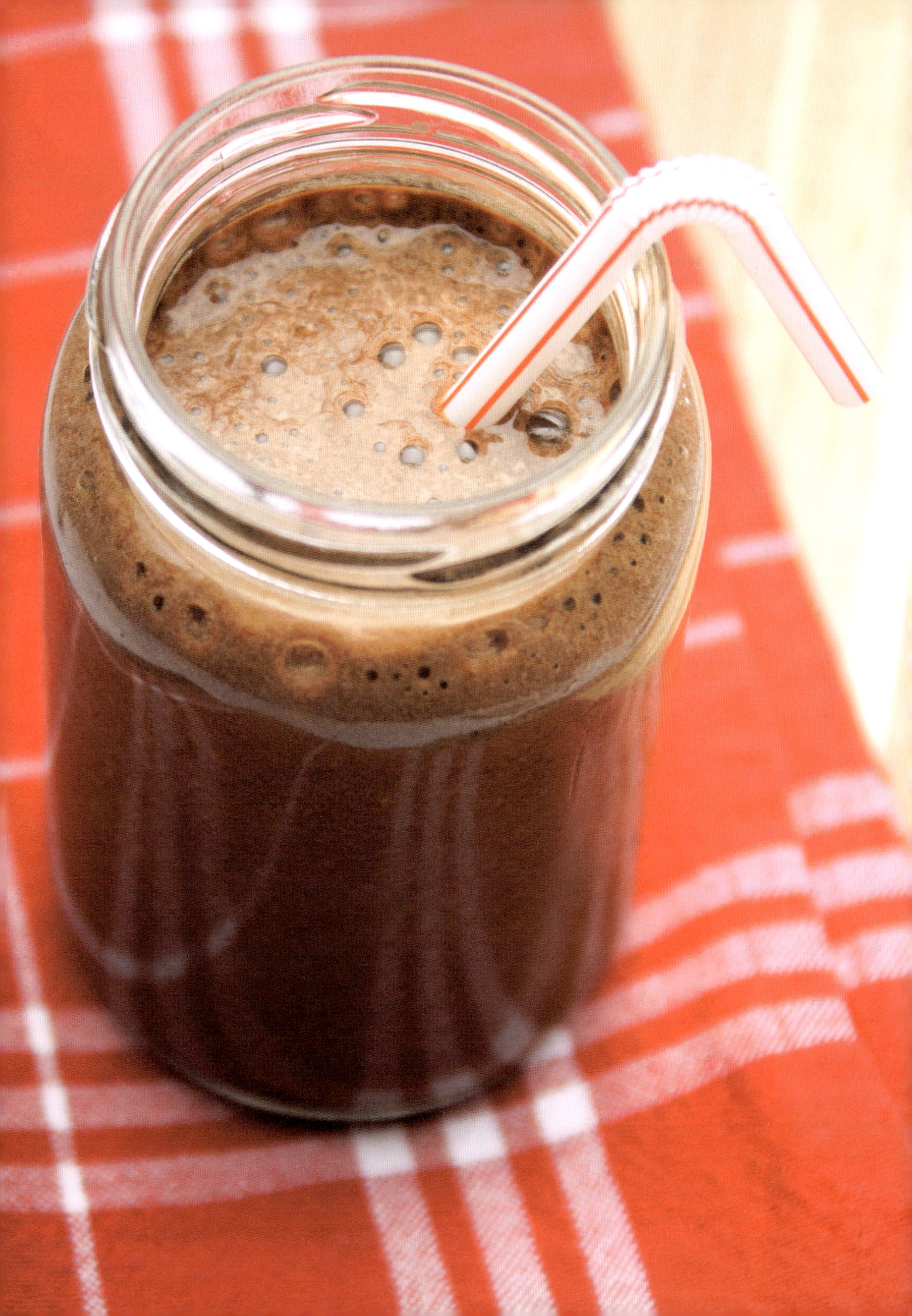

# Chocolate quente *gourmet*

As suas papilas gustativas soltarão urros de alegria.

Segue a minha versão de chocolate quente *gourmet*, superfácil de fazer e com sabor sublime. Priorize o melhor cacau possível e atente às medidas passadas para garantir um chocolate quente com sabor proeminente de cacau, intenso, cremoso e aveludado.

O diferencial desta receita de *mix* para chocolate quente é a cremosidade obtida com a fécula de mandioca. Inusitado, mas primordial!

Monte pacotinhos e se desejar utilize a canela em pau como colher para misturar o chocolate quente e aromatizá-lo simultaneamente. Divirta-se.

## *Mix* de chocolate

**Rendimento:**

Cerca de 360 g de *mix* ou 4 porções

**Ingredientes:**

* 135 g de cacau em pó
* 140 g de açúcar de confeiteiro
* 60 g de leite em pó
* 20 g de fécula de mandioca ou polvilho doce
* 2 colheres (chá) de pasta de baunilha
* 1 pitadinha de sal

**Modo de fazer:**

Peneire e misture todos os ingredientes. Divida em 4 porções.

## Chocolate quente *gourmet*

**Rendimento:**

1 xícara

**Ingredientes:**

* 90 g ou ¼ do *mix* de chocolate
* 120 ml de água filtrada

**Material:**

1 xícara grande

**Modo de fazer:**

Disponha ¼ do *mix* de chocolate em uma xícara grande. Ferva a água filtrada. Adicione a água fervente sobre o *mix*. Misture bem com um pequeno *fouet* ou garfo. Beba em seguida.

**Utilizado:**

Cacau em pó belga, açúcar de confeiteiro nacional, leite integral, pasta de baunilha e polvilho doce.

# Doces surpresas

Um pequeno buquê de gostosuras dispostas dentro de uma xícara me parece uma adorável ideia para engordar o chocolate quente de uma pessoa querida. Definitivamente uma ótima opção de presente de inverno do tipo "eu que fiz". Seja uma colher recheada com um brigadeiro, um *marshmallow* ou uma canelinha em pau, todos são potencializados com uma cobertura de chocolate e valorizados com uma embalagem individual. Imagine derreter uma colher recheada em um chocolate quente fumegante em uma quarta-feira nebulosa e tediosa? Delícia.

## Colherada gorda

**Rendimento:**

15 colheres

**Ingredientes:**

* Receita de brigadeiro *gourmet* (página 128) ou doce de leite em pasta
* Cerca de 200 g de chocolate picado
* *Split* belga ou cacau em pó para decorar

**Materiais:**

Colheres de plástico tamanho "sobremesa"

Superfície forrada com papel-manteiga

**Modo de fazer:**

Sobre a colher de plástico, coloque uma porção do recheio escolhido com o auxílio de uma colher de inox. Modele, espalhando-o sobre a colher. Repita esse procedimento com as demais colheres e vá dispondo sobre um prato. Reserve.

Prepare o chocolate seguindo as instruções do capítulo "Tratamento de realeza", isto é, derreta em temperatura mediana e faça a temperagem apropriada. Coloque o chocolate em um copo fundo, para que você tenha conforto na hora da imersão da colher.

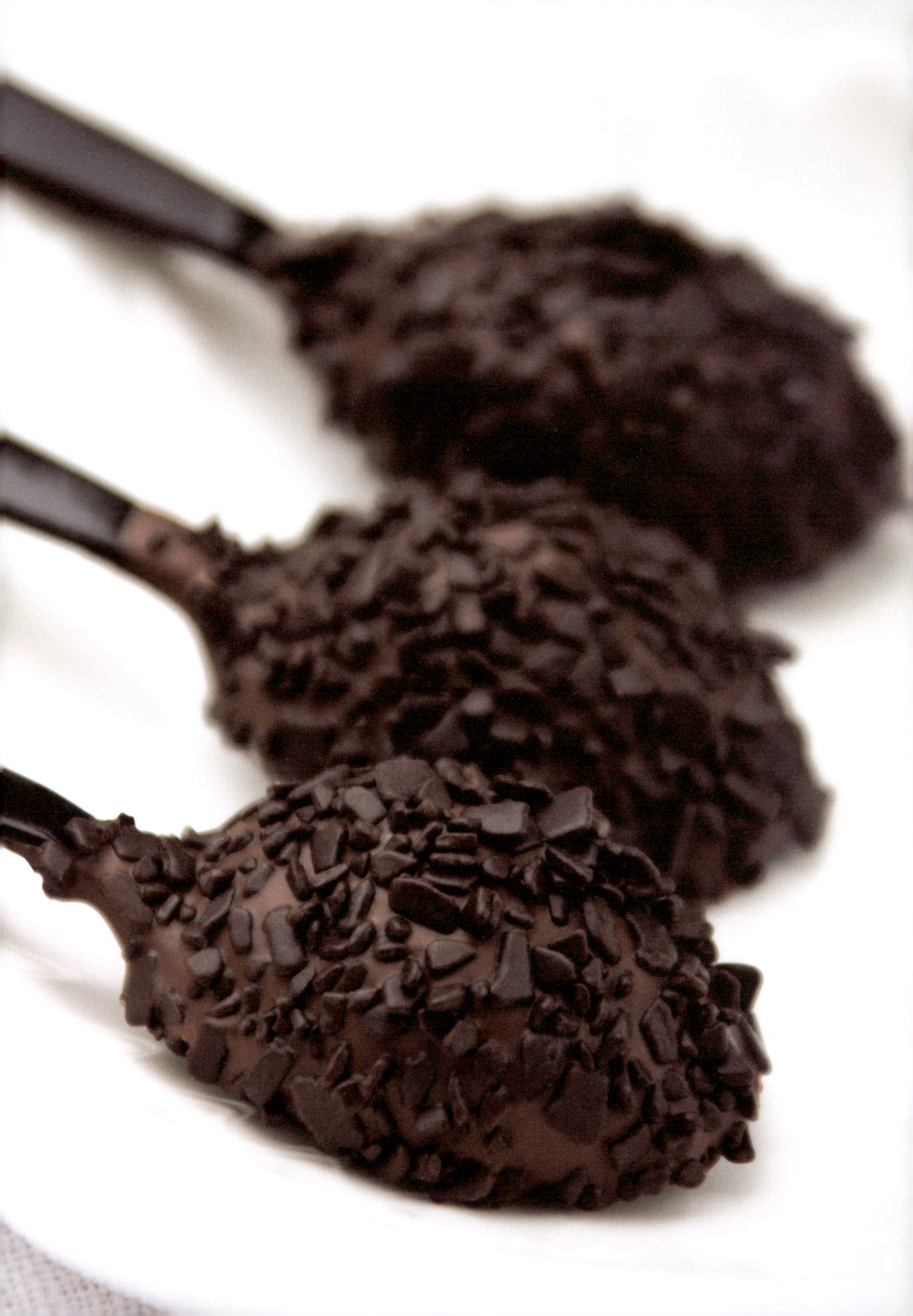

Mergulhe a colher recheada no chocolate preparado, dê leves batidinhas para escorrer o excesso de chocolate e deite sobre uma superfície previamente forrada com papel-manteiga. Salpique *split* ou polvilhe cacau em pó. Leve à geladeira por 5 minutos para finalizar a sua cristalização. Logo em seguida, você pode embrulhar em envelopes de celofane individuais e decorar com laços de fita.

### Utilizado:

Chocolate amargo com 53,8% de cacau e *split* amargo 9D belgas.

## *Marshmallow* achocolatado

### Rendimento:

15 *marshmallows*

### Ingredientes:

* 15 *marshmallows*
* Cerca de 200 g de chocolate picado
* *Split* belga ou cacau em pó para decorar

### Materiais:

Espetos de madeira

Superfície forrada com papel-manteiga

### Modo de fazer:

Espete os *marshmallows* nos palitos de madeira. Prepare o chocolate seguindo as instruções do capítulo "Tratamento de realeza", isto é, derreta em temperatura mediana e faça a temperagem apropriada. Coloque o chocolate em um copo fundo, para que você tenha conforto na hora da imersão do *marshmallow*.

Mergulhe os *marshmallows* no chocolate preparado, dê leves batidinhas para escorrer o excesso de chocolate e deite--os sobre uma superfície previamente forrada com papel-manteiga. Salpique *split* nesse momento se desejar. Leve-os à geladeira por 5 minutos para finalizar a cristalização. Em seguida, você pode ainda polvilhar cacau em pó caso deseje. Embrulhe em envelopes de celofane individuais ou mantenha em latas bem fechadas.

**Utilizado:**

Chocolate amargo com 53,8% de cacau e *split* amargo 9D belgas.

# Canelinha achocolatada

**Rendimento:**

10 canelas em pau

**Ingredientes:**

* 10 canelas em pau
* Cerca de 200 g de chocolate picado

**Material:**

Superfície forrada com papel-manteiga

**Modo de fazer:**

Prepare o chocolate seguindo as instruções do capítulo "Tratamento de realeza", isto é, derreta em temperatura mediana e faça a temperagem apropriada. Coloque o chocolate em um copo fundo, para que você tenha conforto na hora da imersão das canelas em pau.

Mergulhe a canela no chocolate até a metade e escorra o excesso. Deite sobre uma superfície forrada com papel-manteiga e leve à geladeira por 5 minutos para cristalizar. Passado esse tempo, repita o processo para que a canela fique com maior volume de chocolate. Embrulhe em envelopes de celofane individuais ou mantenha em latas bem fechadas.

**Utilizado:**

Chocolate amargo com 53,8% de cacau.

# Tirinha de laranja achocolatada

 Uma guloseima fácil de fazer, já que parte de um doce cristalizado que é comumente comercializado em hortifrútis e mercados. Além de laranjas, experimente achocolatar tirinhas de limão, ficam igualmente deliciosas e muito chiques para serem servidas na hora do café.
 Se você quiser, é possível cristalizar cascas de laranja, limão e *grapefruit* em casa. Para tanto, é preciso deixar as cascas de molho alguns dias, escaldá-las e só então cristalizá-las. Um trabalhão danado, mas interessante. Para quem quiser experimentar, tenho a receita de tirinhas cristalizadas de *grapefruit* no blog.
 A grande vantagem dessas tirinhas é que, se bem conservadas em latas, podem durar mais de um mês. Claro, se a sua gula for comedida.

**Rendimento:**

Aproximadamente 250 g de tirinhas

**Ingredientes:**

* 100 g de laranja cristalizada
* 340 g de chocolate ao leite, branco ou meio amargo

**Modo de fazer:**

Se as laranjas cristalizadas forem compradas, tire o excesso de açúcar com o auxílio de uma faquinha lisa, para obter um efeito visual mais bonito. Particularmente gosto de lavá-las e secá-las sobre uma toalha de papel, para transparecer o colorido natural da laranja. Corte as laranjas cristalizadas em tiras de cerca de 0,5 centímetro de espessura. Reserve.

Prepare o chocolate seguindo as instruções do capítulo "Tratamento de realeza", isto é, derreta em temperatura mediana e faça a temperagem apropriada. Coloque o chocolate em um recipiente pequeno e fundo para você ter conforto na hora do banho.

Se deseja cobrir a tirinha completamente, banhe-a com o auxílio de um garfinho, dando leves batidinhas na borda da tigela para escorrer o excesso. Disponha em seguida sobre uma superfície forrada com papel-manteiga e deixe secar. Você pode polvilhar cacau em pó após a cristalização do chocolate e logo em seguida embrulhar pequenos pacotes mimosos para dar de presente. Caso queira, pode banhar somente metade da tirinha, obtendo um visual interessante de cores. Para tanto, basta segurar a tirinha pela ponta e mergulhar no chocolate temperado até cobri-la pela metade. Tire o excesso de chocolate e deite sobre uma superfície forrada com papel-manteiga.

Depois de secas, você pode dispor as tirinhas prontas dentro de uma xícara de porcelana, embrulhar em celofane transparente e finalizar com um belo laço de fita. Um lindo suvenir, não acha?

**Utilizado:**

Laranja cristalizada pronta, gotas de chocolate amargo com 53,8% de cacau.

# Maçã *choco l'amour*

Nas excursões de escola ao parque de diversões, a algazarra no ônibus era grande. Meninos provocando transeuntes e batucando na lataria do veículo. Meninas se divertindo com adesivos, brincadeiras de palmas e canções.

Eu ficava isolada, com olhar taciturno e nauseada. A única coisa que me acalentava era saber que uma maçã gigante coberta com chocolate e castanhas me esperava. Um momento tão aguardado quanto os brinquedos.

A quantidade de chocolate para esta receita é proporcional à de maçãs. Para banhar algumas, começo com 1 quilo de chocolate em um recipiente pequeno e fundo. Após o banho, faço detalhes com chocolate branco (uso saquinho de celofane com furo na ponta) e, com o palito de dentes, mesclo as duas cores para obter o efeito marmorizado.

### Rendimento:
6 maçãs

### Ingredientes:
* 6 maçãs pequenas
* 1 kg de chocolate ao leite picado
* 100 g de chocolate branco picado para o efeito marmorizado (opcional)

### Materiais:
Palitos de sorvete ou garfos de madeira

Palito de dentes

Superfície forrada com papel-manteiga

### Modo de fazer:
Lave as maçãs e as enxugue bem. Espete um palito de sorvete ou garfo de madeira no miolo de cada maçã.

Prepare o chocolate seguindo as instruções do capítulo "Tratamento de realeza", isto é, derreta em temperatura mediana e faça a temperagem apropriada. Coloque o chocolate em um pote fundo e pequeno, para que você possa banhar as maçãs com facilidade. Derreta

*Em vez do efeito marmorizado, você pode cobrir sua maçã com castanhas trituradas ou granulado.*

e tempere o chocolate branco e o coloque em um saquinho de celofane. Corte um furo pequeno em uma das pontas. Reserve.

Mergulhe a maçã espetada no chocolate fluido e, quando a cobrir por completo, levante para escorrer o excesso. Segure a maçã pelo palito. Com a sua mão boa, faça riscos aleatórios com o chocolate branco sobre o chocolate ao leite ainda úmido. Reserve o saquinho de chocolate branco e pegue um palito de dentes. Faça movimentos ligeiros para mesclar as duas cores e criar um efeito marmorizado. Disponha a maçã sobre a superfície forrada com papel-manteiga e deixe secar por completo. Se o dia estiver muito quente, termine a cristalização na geladeira por 5 minutos. Embale com celofane transparente e finalize com um bonito laço de fita.

**Utilizado:**

Barras de chocolate branco e ao leite nacionais. Para esta receita, dou preferência às maçãs das variedades Fuji ou Red Delicious.

# Panqueca de chocolate e banana

Esta é uma das receitas mais fáceis que existem e com resultado encantadoramente surpreendente.

Uma panqueca grande, fofa, com sabor de banana e canela, às vezes é tudo de que precisamos para acalentar o nosso coração. Se acompanhada de *maple syrup* – *sirop d'érable* ou xarope de bordo –, você pode chegar facilmente ao paraíso.

É uma boa opção de desjejum, rápida, fácil de preparar e assar. E cai como uma luva quando você encontra bananas na fruteira, passando desta para melhor.

**Rendimento:**

Cerca de 5 panquecas com 10 cm de diâmetro

**Ingredientes:**

* 70 g de farinha de trigo
* 7 g de fermento em pó
* ¼ colher (chá) de bicarbonato de sódio
* 30 g de açúcar mascavo
* 10 g de açúcar refinado
* 7 g de cacau em pó
* ½ colher (chá) de canela em pó
* 1 ovo grande batido
* 120 ml de leite
* 12 g de manteiga derretida
* 3 bananas firmes e maduras cortadas em rodelas com cerca de 1 cm de espessura

**Modo de fazer:**

Em uma vasilha, peneire os ingredientes secos: a farinha, o fermento em pó, o bicarbonato, os dois tipos de açúcar, o cacau e a canela em pó. Em outra vasilha, junte o ovo batido, o leite e a manteiga derretida. Bata bem e só então adicione os ingredientes secos.

Aqueça uma frigideira antiaderente com um pouquinho de manteiga. Disponha 5 fatias de banana na frigideira e em seguida verta ⅕ da massa de panqueca. Abaixe o fogo e deixe cozinhar por cerca de 4 minutos ou até que bolhas se formem em sua superfície e o fundo esteja douradinho.

*Dica: Caso deseje mais praticidade, pique as bananas e misture à massa antes de levá-la à frigideira.*

Para evitar que a panqueca se quebre, vire-a sobre outra frigideira aquecida com manteiga e finalize o cozimento. Coloque em um prato e sirva imediatamente.

**Utilizado:**

Banana-nanica madura e cacau em pó nacional.

*Uma combinação deliciosa seria servi-la com maple syrup, mas você pode optar também por mel ou uma misturinha de açúcar e canela.*

# Delícia de abacaxi

Não é uma receita e sim apenas uma sugestão para uma sobremesa equilibrada e requintada. Aliar frutas frescas azedinhas com chocolate resulta em uma explosão de sabores deliciosa.

Em vez de chocolate ao leite, você pode optar por chocolate branco. Se quiser caprichar ainda mais, grelhe o abacaxi previamente em uma churrasqueira ou *grill*. Polvilhe canela em pó e regue em seguida com o chocolate derretido.

**Rendimento:**

Fatias de 1 abacaxi

**Ingredientes:**

* 1 abacaxi do tipo Pérola cortado em rodelas
* Açúcar para polvilhar (opcional)
* Canela para polvilhar
* Cerca de 300 g de chocolate ao leite ou branco

*Sugestão de acompanhamento:*
Sorvete de creme ou de coco

**Material:**

Grelha (opcional)

**Modo de fazer:**

Caso você queira fazer o abacaxi grelhado, aqueça a grelha. Corte o abacaxi em rodelas de cerca de 1 centímetro. Polvilhe açúcar nos dois lados da rodela, deite-a sobre a grelha quente e deixe no fogo até caramelar. Polvilhe canela em pó e reserve.

Derreta o chocolate picado no banho-maria ou na potência média do micro-ondas, por cerca de 3 minutos ou até que esteja completamente derretido, liso e livre de grumos. Aplique sobre o abacaxi cru ou grelhado.

**Utilizado:**

Abacaxi do tipo Pérola e chocolate de cobertura meio amargo nacional.

*Engorde a sobremesa com uma bolota de sorvete e encontre o paraíso!*

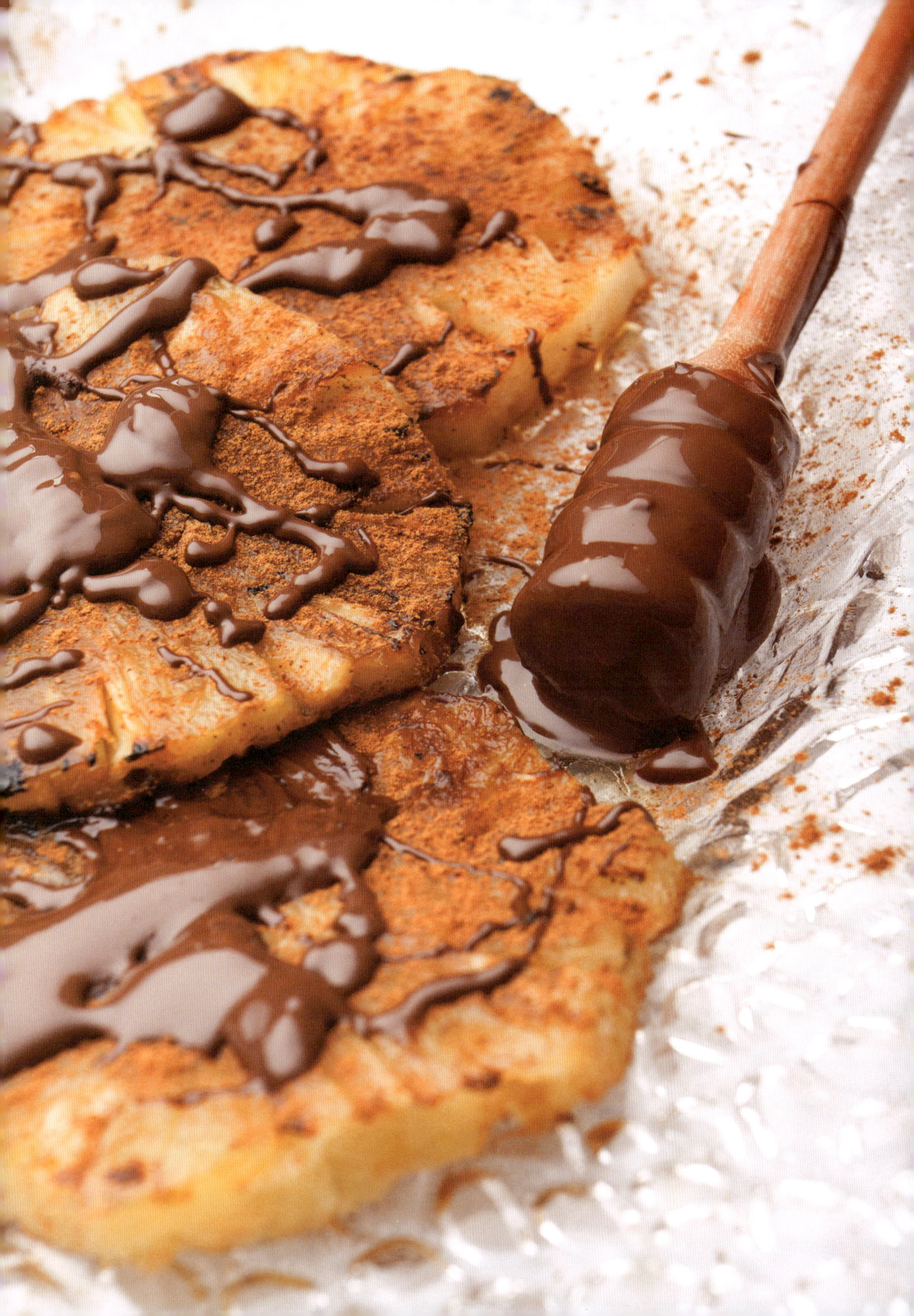

# Guloseimas achocolatadas

Quando você aprende a derreter e a temperar o chocolate corretamente, é tomado por uma vontade súbita de começar a chocolatear tudo o que vê pela frente. Biscoitos e *cookies* sem graça são potencializados com uma cobertura deliciosa de chocolate. Frutas secas pálidas e tediosas recebem um *up* no visual e são uma ótima opção de presente. Morangos frescos são encantadores, mas não atraem tanta atenção como um morango coberto com chocolate.

Para uma decoração chique na mesa de café, aposte nas frutas secas achocolatadas. Tâmara fresca, damasco turco, figo e gengibre cristalizados proporcionam um visual rico, um perfume delicioso e acompanham muito bem um cafezinho. Delícia.

**Ingredientes:**

*Sugestões:*

* *Cookies*
* Bolos
* *Marshmallows*
* Frutas frescas
* Frutas secas
* Biscoito biju

*Cobertura:*

* Cerca de 400 g de chocolate à sua escolha picado para cada 20 guloseimas

*Adornos sugeridos:*

* Castanhas picadas
* Açúcar colorido
* Granulados
* *Split* belga
* Confeitos coloridos
* Arabescos de chocolate

**Material:**

Superfície forrada com papel-manteiga

**Modo de fazer:**

Prepare o chocolate seguindo as instruções do capítulo "Tratamento de realeza", isto é, derreta em temperatura mediana e faça a temperagem apropriada. Disponha o chocolate em um copo fundo, para facilitar na hora da imersão da guloseima em questão.

Prepare o ambiente de trabalho: separe uma folha de papel-manteiga para receber os confeitos banhados, apoiada sobre uma superfície que pode ser levada à geladeira. Garfinhos para banhar e eventuais confeitos que serão aplicados sobre o chocolate ainda líquido também devem ser separados.

Caso você seja destro, o objeto a ser banhado deve estar do lado esquerdo; a tigela de chocolate temperado, na sua frente; e a superfície forrada com o papel-manteiga, do seu lado direito.

Para o biscoito ou qualquer outra guloseima a ser completamente banhada no chocolate, use um garfinho e, após o banho, elimine o excesso de chocolate dando leves batidinhas antes de deitá-lo sobre o papel-manteiga. Se desejar, salpique confeitos nesse momento. Leve à geladeira por cerca de 5 minutos para finalizar a cristalização.

**Utilizado:**

Frutas secas, cristalizadas e chocolate de cobertura nacional.

Simone Izumi
ULINE
LATEX GLOVES
exam grade • powder free
S-9642S Small
S-9642M Medium
S-9642L Large

# Chocolate como profissão

Vejo muitas pessoas se desviando da sua formação original, em busca de um negócio próprio bem diferente do seu histórico profissional. Também pudera, escolher uma carreira de trabalho no período mais incerto da adolescência é para poucos. Comigo não foi diferente. Após uma formação e um diploma em mãos, meu espírito inquieto ansiava por encontrar a profissão que me faria realmente feliz. Afinal, acho essencial viver o nosso sonho a partir do momento em que o descobrimos.

Se as condições não permitem se arriscar como um camicase, acredito ser importante manter pelo menos a chama acesa e alimentar o sonho pouco a pouco para um dia ter condições de assumi-lo.

Muitas pessoas começam seu negócio próprio levando-o em paralelo com uma profissão principal, tateando o terreno com cuidado para ver se realmente é possível construir um porto seguro com a nova atividade. Para mim, o trabalho de chocolate artesanal se encaixou perfeitamente nesses moldes e com ele pude me encontrar.

Para expandir o novo negócio, por menor que seja o tamanho dele, é importante fazer um planejamento, criar estratégias de venda e marketing, desenvolver o conceito de sua marca, um plano de negócios e ter em mente a importância da coerência do seu produto com o seu público-alvo, mantendo foco, porém avaliando e reavaliando de tempos em tempos se está no rumo certo.

Para mim, mais que dinheiro, um trabalho precisa trazer satisfação. A atividade com chocolate artesanal é uma rotina de formiguinha e é física e mentalmente exaustiva, portanto é preciso gostar do que se faz para aguentar as crises existenciais que podem surgir no meio do caminho.

Certamente é preciso pensar nos ganhos e perdas, mas o custo não deve ser o foco de trabalho, senão a qualidade do doce pode ir pro brejo. O reconhecimento, o crescimento dos pedidos e a credibilidade do nome no mercado é a consequência natural de um trabalho de qualidade e criatividade em meio aos concorrentes.

Assim, cultive motivação, oxigene o cérebro e estude sempre!

# As trufas douradas do restaurante da tia

O início de tudo. As trufas do restaurante da minha querida tia nada mais eram que bombons recheados, embalados em papéis dourados. Um dos mais simples do universo, mas um dos mais saborosos. Os clientes logo se afeiçoaram. Alguns levavam vários e outros reclamavam quando a cestinha estava vazia. Os elogios me enchiam de satisfação e esperança de estar encontrando minha verdadeira vocação.

Lembro a primeira grande encomenda, feita por um cliente do restaurante: mil unidades. Lembro também o martírio da confecção. Praticamente metade das trufas sofreram com o *fat bloom*, ficaram esbranquiçadas, feias. O lucro quase se esvaiu, mediante o retrabalho, as olheiras e o custo de matéria-prima. Mas a sensação de entregar mil trufas, e não mais vinte ou cinquenta, me trouxe uma indescritível felicidade.

**Rendimento:**

Aproximadamente 27 trufas de 40 g

**Ingredientes:**

*Recheio:*

* 200 g de chocolate meio amargo picado
* 300 g de chocolate ao leite picado
* 300 g de creme de leite
* 15 ml de conhaque

*Casca:*

* 750 g de chocolate ao leite

**Materiais:**

5 formas de PVC com 6 cavidades cada para bombons com tamanho de 40 g

Papel metalizado dourado tamanho 15 X 16 cm (vendido em lojas de produtos para confeitaria)

Saco de confeiteiro com bico perlê (se necessário)

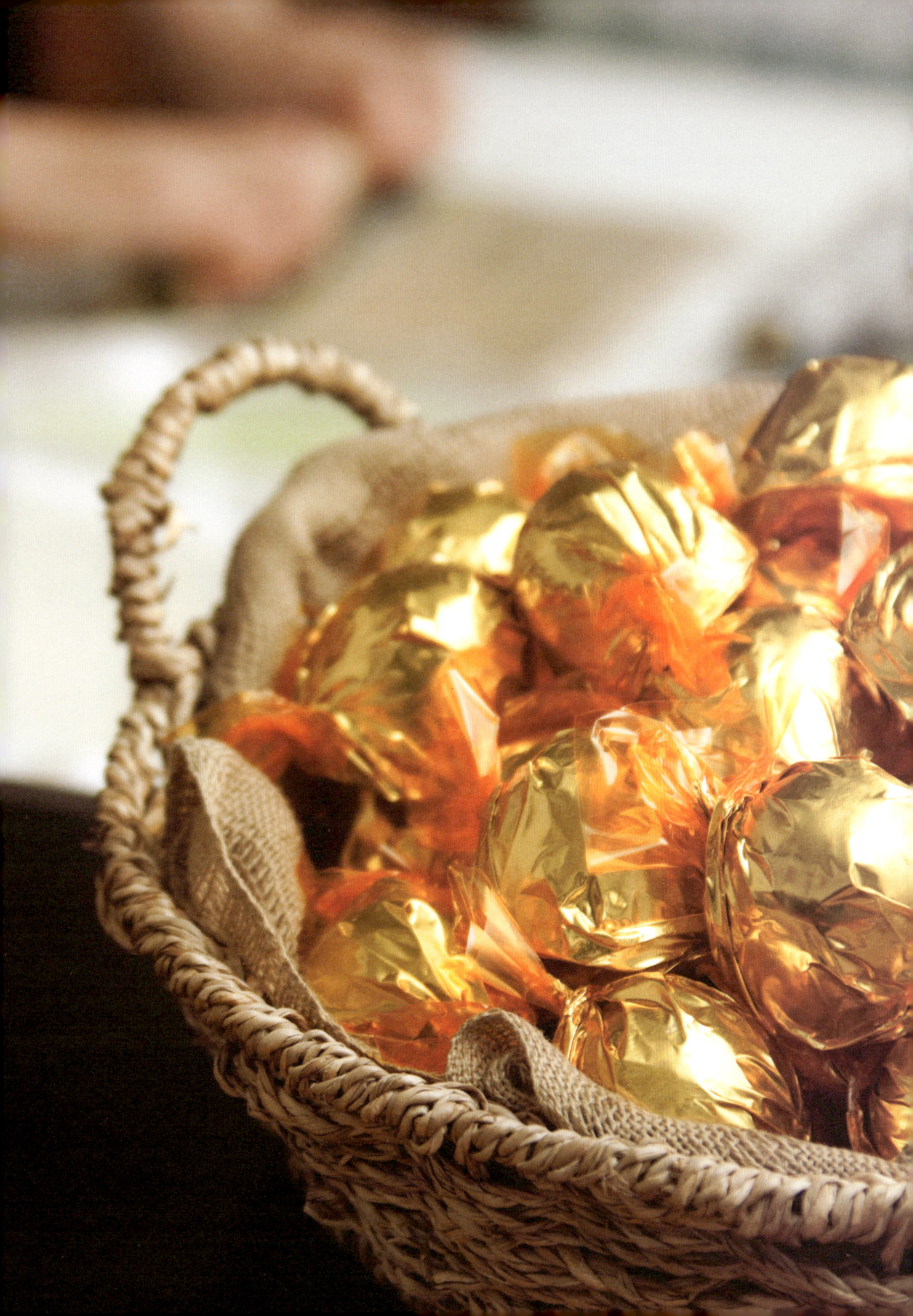

**Modo de fazer:**

*Recheio:*

Derreta os chocolates no banho-maria ou na potência média do micro-ondas por cerca de 3 minutos ou até que estejam completamente derretidos. Quando estiverem fluidos e livres de grumos, adicione o creme de leite e misture vigorosamente com uma espátula, dando atenção ao fundo e à lateral. Adicione o conhaque. Se necessário, alise a mistura com o auxílio de um *fouet*. Deixe descansar por 20 minutos para ficar mais cremosa.

*Casca:*

Prepare o chocolate seguindo as instruções do capítulo "Tratamento de realeza", isto é, derreta em temperatura mediana e faça a temperagem apropriada.

Com a ajuda de uma concha, preencha todas as cavidades da primeira forminha. Dê leves batidinhas para eliminar qualquer bolha de ar e volte o excesso do chocolate à tigela. Raspe o excesso e leve para cristalizar na geladeira por 10 minutos. Repita este processo com as demais forminhas.

Passado esse tempo de geladeira, retire a forminha e faça uma segunda camada com o auxílio de uma colher (chá), para reforçar a estrutura. Volte à geladeira por mais 5 minutos para finalizar a cristalização.

*Montagem:*

Preencha as cavidades com o recheio. Você pode rechear com uma colher ou usar um saco de confeiteiro com bico perlê para auxiliar no posicionamento. Uma vez recheado, tampe com o chocolate, vedando as bordas com cuidado. Mais 5 minutos de refrigeração e o seu bombom está pronto para ser desmoldado.

Para finalizar, corte eventuais rebarbas com uma faca lisa ou uma tesoura de uso culinário, e embale com o papel dourado.

**Utilizado:**

Chocolate de cobertura nacional, creme de leite UHT com 25% de gordura.

*Se feito com creme de leite UHT, a trufa tem durabilidade média de 10 dias.*

# Pirulito de *gianduia*

Esta receita de pirulito de bolacha agrada cozinheiras inexperientes. Leva ingredientes prontos e sua montagem é simples, mas o resultado é festivo e serve de suvenir decorativo.

Recheie as bolachas com doce de leite, pasta de amendoim, de avelãs ou recheio trufado. É possível trocar a bolacha Maria por uma amanteigada. Tudo combina e fica gostoso. O recheio deve ser consistente o bastante para manter o pirulito firme, de modo que você consiga banhá-lo no chocolate.

O pirulito foi decorado com *transfer* para chocolate (veja a página 145, capítulo "Decoração do chocolate").

Pirulito pronto? Capriche na embalagem e arrase!

**Rendimento:**

6 pirulitos

**Ingredientes:**

* 12 bolachas do tipo Maria
* 15 g por pirulito de pasta de doce de leite ou qualquer outro recheio
* 400 g de chocolate à sua escolha picado
* *Transfer* para chocolate

**Materiais:**

Palito de sorvete

Superfície forrada com papel-manteiga

**Modo de fazer:**

Espalhe o recheio escolhido sobre a bolacha. Facilita muito se você dispuser o recheio dentro de um saco de confeiteiro com um bico perlê (redondo) pequeno. Encaixe o palito de sorvete e feche delicadamente com a outra bolacha, formando um sanduíche recheado. Refrigere por cerca de 10 minutos para firmar. Reserve.

Prepare o chocolate seguindo as instruções do capítulo "Tratamento de realeza".

Coloque o chocolate em uma travessa pequena e funda, para facilitar o banho do pirulito. Mergulhe o pirulito no chocolate completamente, levante e escorra o excesso. Cuidado para não fazer uma camada muito fina, pois o seu chocolate, depois de cristalizado, pode se trincar. Deite o pirulito sobre uma superfície forrada com papel-manteiga.

O *transfer* de chocolate deve ser aplicado imediatamente após o banho, sobre o chocolate ainda líquido, lembrando que o lado da textura do *transfer* (lado com atrito) deve estar em contato com o chocolate.

Leve à geladeira por cerca de 10 minutos até a completa cristalização. Passado esse tempo, retire da geladeira e delicadamente solte a película de acetato do *transfer*, restando apenas a textura sobre o pirulito. Embale a gosto.

**Utilizado:**

Chocolate de cobertura meio amargo nacional, *transfer* de chocolate francês, leite condensado cozido na pressão por 40 minutos (doce de leite em ponto de corte).

# Estrela de brigadeiro

Esta pequena estrela era o meu produto número 1 de vendas quando trabalhava com varejo.

Não tem jeito, o brasileiro tem um fraco por brigadeiro, seja ele boleado ou cremoso. Se escoltado por uma camada fina de chocolate... todos fraquejam.

Chocolate, brigadeiro e um formato encantador? Todos desejam!

Acolham com carinho a minha estrelinha de brigadeiro.

**Rendimento:**

Cerca de 20 estrelas com 5 cm de diâmetro

**Ingredientes:**

*Brigadeiro cremoso:*

- 395 g de leite condensado
- 290 g de creme de leite
- 25 g de manteiga
- 18 g de chocolate em pó com 50% de cacau

*Casquinha da estrela:*

- 100 g de chocolate branco picado
- 500 g de chocolate ao leite picado

**Materiais:**

Formas de estrela-do-mar com tamanho aproximado de 5 cm de diâmetro ou uma de sua preferência

Trincha culinária (se necessário)

**Modo de fazer:**

*Brigadeiro cremoso:*

Misture todos os ingredientes em uma panela de fundo grosso e leve ao fogo até obter fervura. Abaixe o fogo e cozinhe até obter uma consistência de mingau. Deixe esfriar completamente.

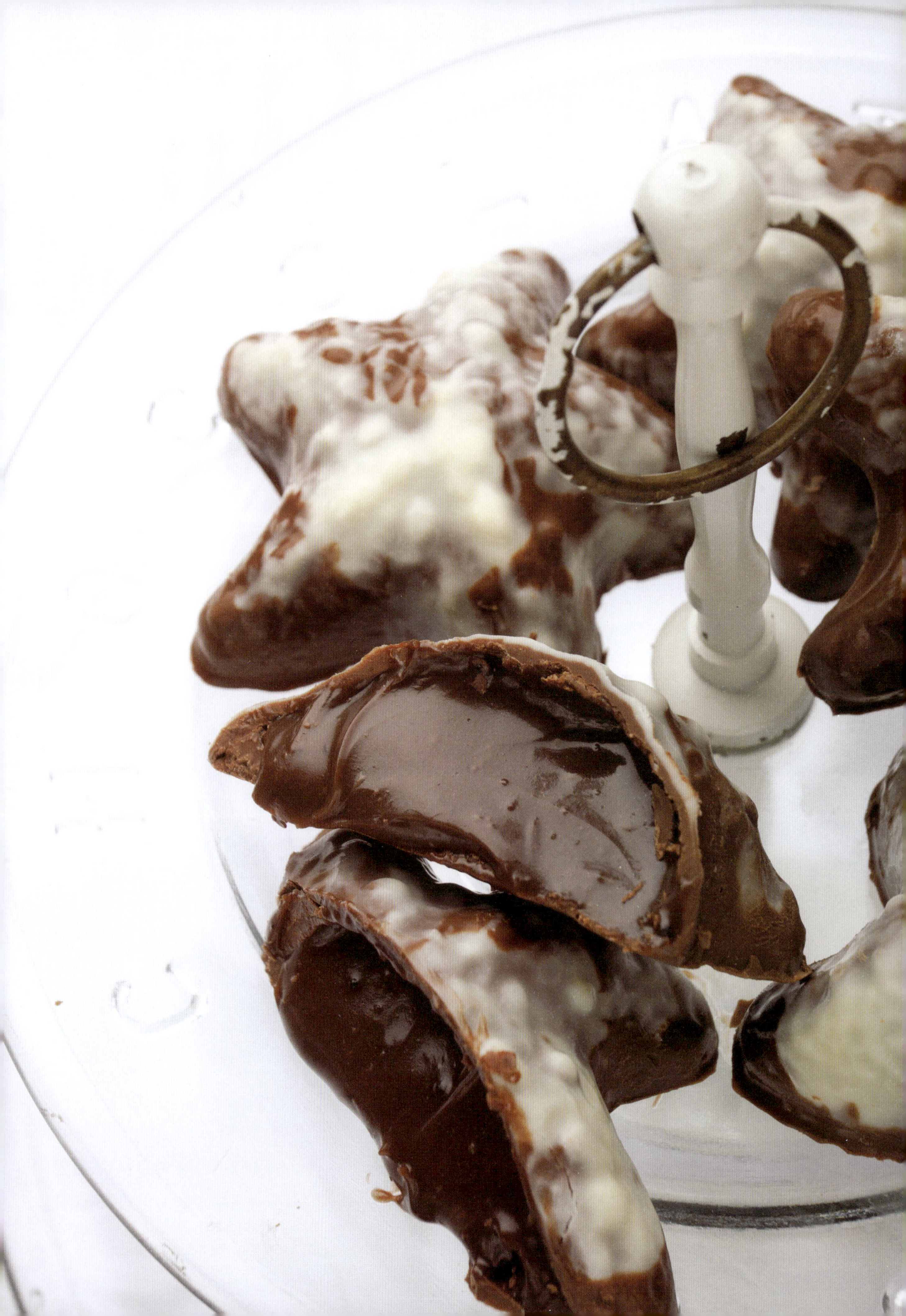

*Casquinha da estrela:*

Prepare os dois chocolates seguindo as instruções do capítulo "Tratamento de realeza", isto é, derreta em temperatura mediana e faça a temperagem apropriada.

Verifique se as forminhas estão limpas e livres de qualquer umidade. Com o auxílio de uma trincha culinária, faça manchas irregulares com o chocolate branco nas cavidades da estrela e deixe secar por 1 minuto na geladeira. Em seguida, preencha as cavidades com o chocolate ao leite, dê leves batidinhas para tirar eventuais bolhinhas de ar e volte o excesso para a tigela, virando a forma delicadamente. Raspe o excesso e leve à geladeira por 5 minutos.

Caso a sua forma tenha diâmetro aproximado ao indicado, faça uma segunda camada de chocolate com o auxílio de uma colher (chá), para reforçar a estrutura da casquinha de chocolate e evitar que esta se trinque depois de cristalizada. Volte à geladeira por cerca de 10 ou 15 minutos. Passado esse tempo, o fundo de sua forminha deve estar com aparência opaca.

Recheie as cavidades das estrelas com o brigadeiro frio, deixando um espaço de cerca de 3 milímetros até o limite de sua forma. Tampe com chocolate ao leite e leve à geladeira por mais 5 minutos. Desenforme e embale a gosto.

**Utilizado:**

Chocolates de cobertura branco e ao leite nacionais, creme de leite pasteurizado com 25% de gordura e chocolate em pó com 50% de cacau.

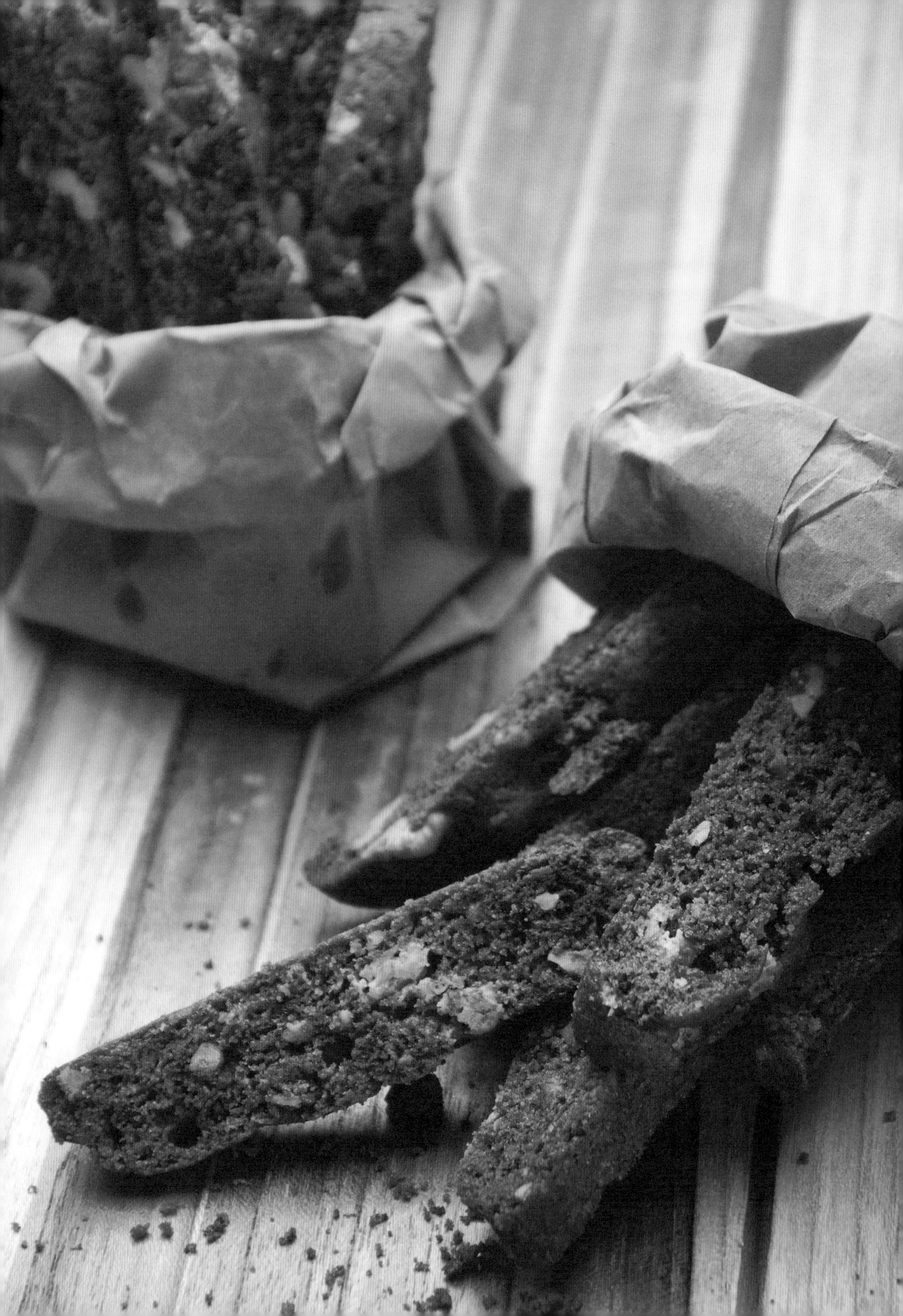

# *Biscotti* de chocolate e nozes

*Biscotti* ou *cantuccini* são biscoitos de origem italiana hipercrocantes, de textura seca, doçura delicada e assados duas vezes para obter a crocância característica. De durabilidade extensa e formato ovalado alongado, é perfeito para servir com café ou chá.

A palavra *biscotti* é plural da palavra *biscotto*, que significa "assado duas vezes". Portanto, a maioria das guloseimas assadas industrializadas deveria ser chamada de bolacha, e não de biscoito, já que é assada apenas uma vez.

Esta é uma receita bonita de *biscotti*. Os pontos crocantes de nozes e chocolate branco iluminam a massa escura de cacau.

**Rendimento:**

Cerca de 800 g de *biscotti*

**Ingredientes:**

* 240 g de farinha de trigo mais o suficiente para untar
* Raspas de 1 limão
* Raspas de 1 laranja
* 12 g de cacau em pó
* 1 pitada de sal
* 10 g de fermento em pó
* 2 ovos grandes batidos
* 120 ml de óleo de milho mais o suficiente para untar
* 120 g de açúcar refinado mais o suficiente para polvilhar
* 120 g de nozes picadas
* 90 g de chocolate branco picado
* 90 g de chocolate meio amargo picado

**Modo de fazer:**

Preaqueça o forno a 180 °C.

Unte uma assadeira com óleo, polvilhando farinha.

Em uma tigela, combine a farinha, as raspas de limão e de laranja, o cacau, o sal e o fermento em pó. Em outra tigela, misture os ovos, o óleo e o açúcar.

*Para saborosas variações, experimente adicionar figo seco e laranja cristalizada.*

Despeje a mistura de ovos sobre a de farinhas. Misture até ficar homogêneo. Adicione as nozes e os chocolates.

Divida a massa em duas partes. Caso seja necessário, umedeça as mãos com um pouco de água. Modele filões com formato levemente achatado e retangular, polvilhe com açúcar refinado e disponha na assadeira untada com uma boa distância entre eles para que não grudem.

Leve ao forno por cerca de 25 minutos. Após esse tempo, remova e deixe esfriar. Corte fatias de cerca de 1 centímetro, disponha-as lado a lado na assadeira e volte ao forno por mais 15 ou 20 minutos, virando os *biscotti* no meio desse tempo de forno.

### Utilizado:

Cacau em pó nacional, nozes e barras de chocolate branco e meio amargo nacionais.

# Pão de mel coberto com chocolate

Quando eu era criança, detestava pão de mel. Não gostava de mel e achava o bolo muito seco e sem graça.

Vários anos depois, notei um grande rebuliço nos carrinhos de doces na frente das escolas. Todos desejavam o novo pão de mel. O que era simples e seco tornara-se úmido e potencializado com recheio de doce de leite e cobertura de chocolate. Ave, Maria!

Hoje existem diversos tipos de recheios: beijinho de coco, brigadeiro, bicho de pé, trufados... a ordem, nesse caso, é se esbaldar.

Para o paladar mais tradicional, elimine o chocolate em pó da massa. Você pode decorar o pão de mel com arabescos ou aplicar um *transfer* para chocolate.

**Rendimento:**

Uma assadeira de 20 X 30 cm

**Ingredientes:**

*Bolo:*

* 275 g de farinha de trigo
* 50 g de açúcar mascavo
* 45 g de chocolate em pó
* 1 colher (sopa) de bicarbonato de sódio
* ½ colher (chá) de canela em pó
* ½ colher (chá) de noz-moscada
* ½ colher (chá) de cravo em pó
* ½ colher (chá) de gengibre em pó
* 200 g de leite condensado
* 130 g de manteiga sem sal derretida
* 150 g de mel
* 240 ml de leite
* Doce de leite cremoso para rechear (opcional)

*Cobertura:*

* Cerca de 1 kg de chocolate meio amargo
* Cerca de 150 g de chocolate branco para decorar

**Material:**

Saco de confeiteiro com bico perlê número 12 (se necessário)

**Modo de fazer:**

*Bolo:*

Preaqueça o forno a 180 °C.

Em uma tigela, peneire a farinha de trigo, o açúcar mascavo, o chocolate em pó, o bicarbonato de sódio e as especiarias. Reserve.

Em outra tigela, misture o leite condensado, a manteiga derretida, o mel e o leite. Adicione a mistura de secos e envolva bem.

Distribua a massa em uma assadeira com 20 X 30 centímetros ou em forminhas individuais próprias para pão de mel. Leve ao forno preaquecido de 25 a 30 minutos. Espete um palito para verificar se os bolinhos estão assados. Deixe amornar e só então desenforme. Esfrie por completo. Para facilitar e ter um corte do bolo perfeito, deixe a massa no freezer por 10 minutos.

Se desejar, você pode rechear cada quadrado com um pouquinho de doce de leite disposto em um saco de confeiteiro com bico perlê número 12. É só afundar o bico dentro do bolo, perfurando-o, e bisnagar cerca de uma colher (chá) de recheio. Para um trabalho tranquilo e confortável, mantenha os quadrados na geladeira até a hora de banhar.

*Cobertura:*

Prepare o chocolate seguindo as instruções do capítulo "Tratamento de realeza", isto é, derreta em temperatura mediana e faça a temperagem apropriada. Coloque o chocolate branco em um envelope de celofane e corte a pontinha com uma tesoura. Reserve.

Banhe os pães de mel com o auxílio de um garfinho para banhar. Escorra o excesso e arrume-os sobre papel-manteiga. Com o chocolate ainda úmido, faça filetes paralelos com o chocolate branco ou desenhos a gosto. Leve à geladeira por 5 minutos para finalizar a cristalização do chocolate. Recorte as rebarbas com uma faquinha lisa e embale a gosto.

**Utilizado:**

Chocolate em pó nacional com 50% de cacau.

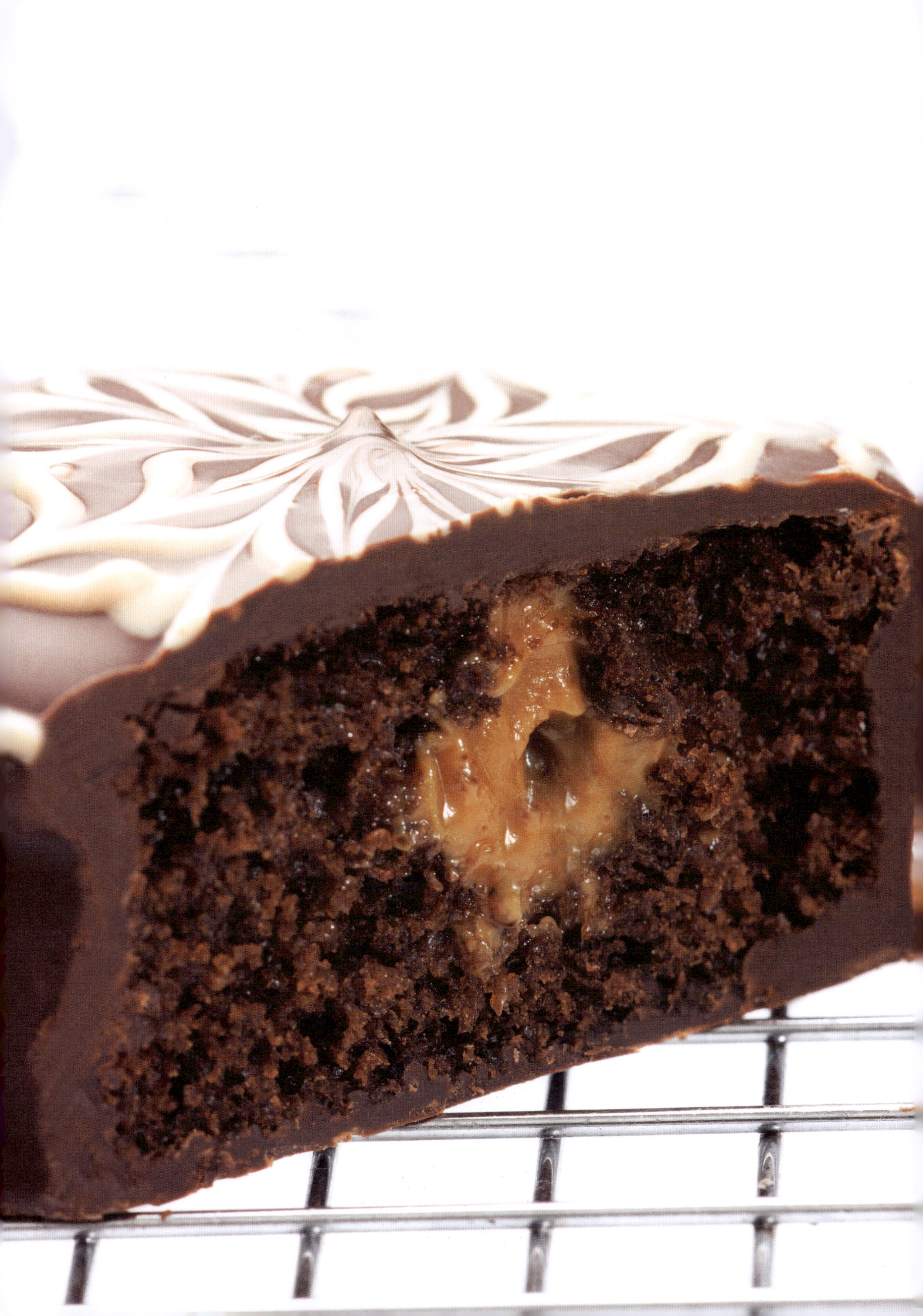

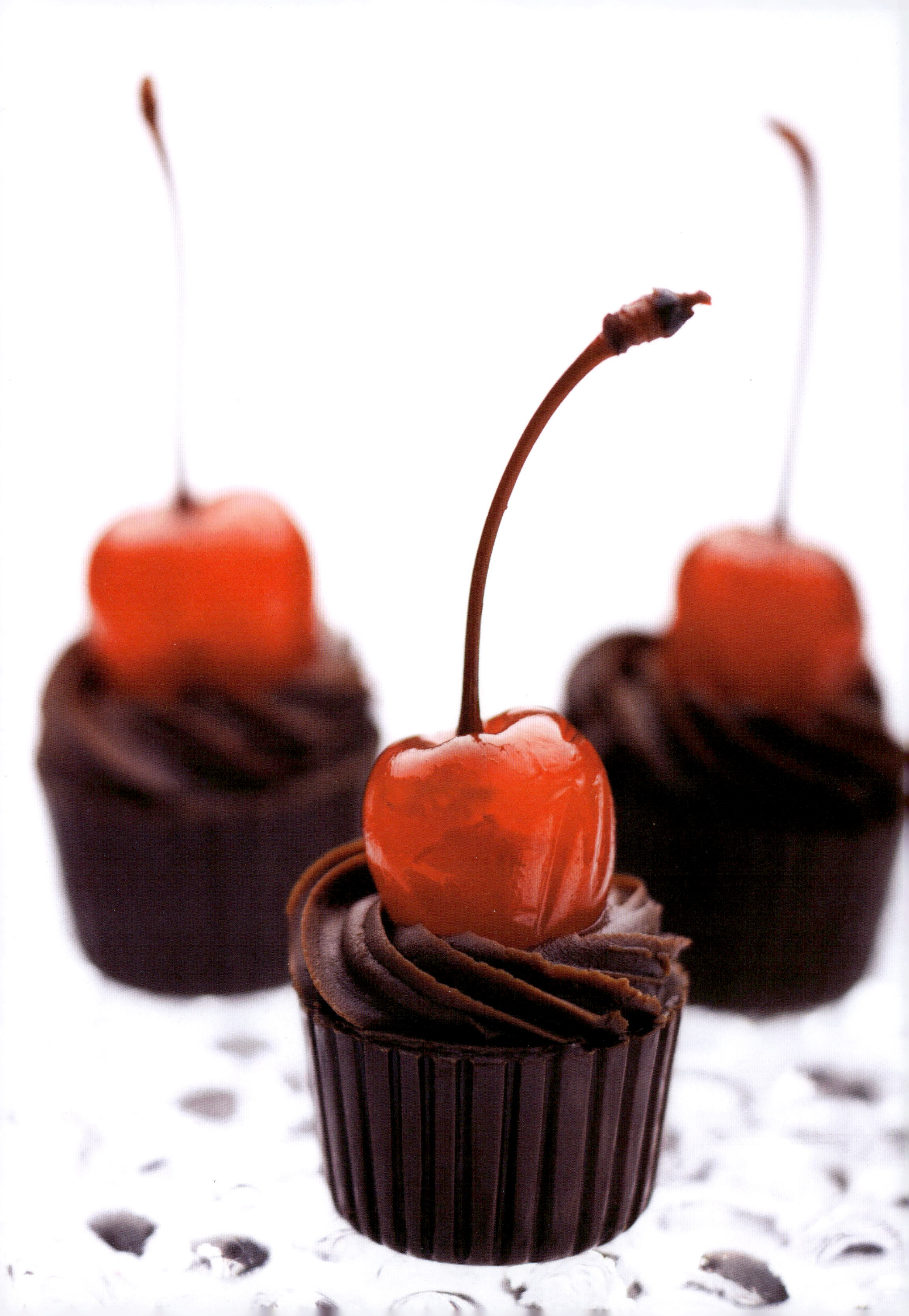

# Cestinha de *ganache* e cereja

Muito vistosa e com sabor equilibrado, esta cestinha de trufa e cereja é uma ótima opção para decorar a sua mesa de sobremesas com elegância. As cerejas em calda com cabinho dão um charme extra ao docinho, não acha?

Caso deseje impressionar, opte por uma série de acabamentos diferentes, como morangos filetados, framboesas, amoras e *physalis*, agradando paladares diferentes e proporcionando um colorido e um visual magníficos.

Antes de se aventurar, aconselho você a ler os itens "Ganache" e "Creme de leite", no capítulo "Tipos de chocolate", para ver as porcentagens de sólidos de cacau e gordura utilizados nesta receita.

**Rendimento:**

20 cestinhas de 2,5 cm de diâmetro

**Ingredientes:**

*Cestinha:*

* 250 g ou 1 ½ xícara (chá) de chocolate meio amargo picado

*Ganache:*

* 300 g de chocolate amargo em gotas
* 240 g de creme de leite
* 20 cerejas com cabinhos

**Materiais:**

Forma para bombons redondos

Papel-manteiga

Saco de confeiteiro com bico pitanga pequeno

**Modo de fazer:**

*Cestinha:*

Limpe e seque uma forma de bombons redondos com uma toalha de papel. Reserve.

Prepare o chocolate seguindo as instruções do capítulo "Tratamento de realeza", isto é, derreta em temperatura mediana e faça a temperagem apropriada.

Com o auxílio de uma concha, preencha as cavidades e dê leves batidinhas para eliminar eventuais bolhas de ar. Volte o chocolate para a tigela, tomando o cuidado para que a casquinha não fique muito fina. Limpe o excesso de chocolate nas bordas com uma espátula e posicione a forma com a boca voltada sobre uma superfície reta e forrada com papel-manteiga. Leve à geladeira por cerca de 5 minutos. Passado esse tempo, solte da base de papel-manteiga e finalize a cristalização com a boca voltada para cima. O processo levará cerca de 15 minutos ou até o fundo estar totalmente desgrudado da forma de chocolate (com visual opaco).

Desenforme as cascas, dando batidas contra uma superfície. Reserve.

*Ganache:*

Derreta o chocolate no banho-maria ou na potência média do micro-ondas por cerca de 2min30s ou até que esteja completamente derretido.

Adicione o creme de leite e misture até obter uma trufa lisa e livre de grumos. Deixe estabilizar por cerca de 40 minutos ou leve à geladeira por cerca de 15 minutos, até ficar cremosa. Coloque a trufa em um saco de confeiteiro com bico pitanga pequeno. Recheie as cestinhas fazendo um movimento de espiral. Decore com uma cereja com cabinho e mantenha em temperatura ambiente.

**Utilizado:**

Chocolate belga com 53,8% de cacau, creme de leite UHT com 25% de gordura, forma de polipropileno e cerejas sem caroço e com cabinho.

# Quando os olhos brilham...

Sou do tipo de pessoa que prefere viajar a manter um guarda-roupa abarrotado de tendências da moda ou prateleiras com inúmeros sapatos de bico fino.

Acredito que a melhor forma para criar uma identidade na cozinha é fazer as malas, bater perna e experimentar sabores, cheiros e texturas diferentes. Fico em um estado pleno de felicidade quando estou atemporal, solta em uma esquina de uma cidade qualquer, munida de câmera fotográfica e degustando sem frescura as delícias que encontro no caminho.

Quando traço o roteiro de passeio de uma nova cidade a ser desbravada, a linha guia de pensamento indiscutivelmente são as chocolaterias e o mundo ao seu redor. Nesta família, os pontos turísticos ficam em segundo plano.

O período que passei na Alemanha, por exemplo, vivia alucinada e encantada pelos corredores dos supermercados, admirando as novidades das prateleiras repletas de chocolates dos mais variados tipos e tamanhos.

As cidades belgas são intensas, repletas de monumentos góticos e uma multidão de turistas em busca do melhor chocolate do mundo. O grande número de chocolaterias de altíssimo nível, dispostas praticamente uma do lado da outra, assusta, e degustar todas as variedades em uma viagem só torna-se uma missão impossível.

Se você é fã dos chocolates cremosos, o paraíso chama-se Suíça. Lá encontrei chocolaterias artesanais que encantam pela fartura e variedade dos sabores. No alto de um dos seus picos, vi lindas vacas bojudas pastando calmamente ao som do tilintar dos guizos presos em seus pescoços e testemunhei a mais bela visão bucólica vista por estes olhos míopes. Entendi o porquê da qualidade dos chocolates e laticínios suíços. Provavelmente, aquelas são as vacas mais felizes do mundo.

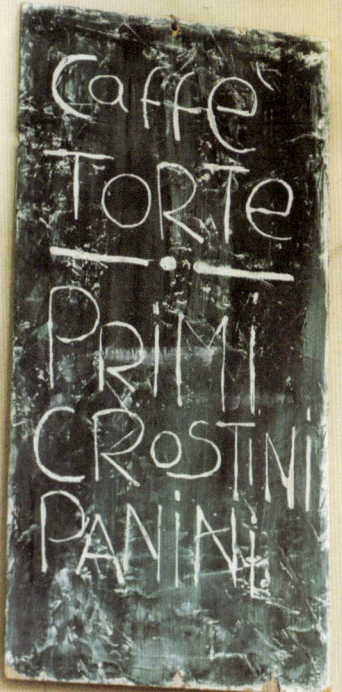

Tive a oportunidade de provar os *cupcakes*, *cheesecakes* e os dulcíssimos *fudges* americanos. Eu me encantei com a qualidade e precisão da doçaria francesa. Equilíbrio na doçura, cremosidade e estética indiscutível? Chocolates japoneses.

Viajar é uma experiência que proporciona pura oxigenação no cérebro e êxtase das papilas gustativas, adormecidas pela maçante rotina de sabores. As memórias gastronômicas são muitas e às vezes guardadas em meu inconsciente. Muitas delas são trazidas à tona ao criar uma ou outra peripécia na cozinha, trazendo uma lembrança morna para o coração.

Viajar é vida.

CANNOLI
€ 2,50

Kakao-Frucht

BAGEL
SHOP
MONTREAL
TOUT GARNI
ALL DRESSED
GRAND PLACE
OFFERTA SPECIALE!
LIMONCELLO 100ml.
1 x 6,95 €
2 x 10,00 € !!
LA SALAMAN

# Trufa de chocolate

As trufas básicas e os bombons trufados foram os primeiros ensaios chocoláticos doados para amigos da faculdade e, em seguida, meu ganha-pão nos primeiros anos da atividade chocolateira. São relativamente simples de fazer e a textura cremosa do recheio trufado conquista na primeira bocada.

Você pode confeccionar as tradicionais trufas em formato bolinha, que podem ser roladas no cacau em pó ou no açúcar de confeiteiro. Elas podem ser de chocolate meio amargo, ao leite ou branco, no entanto, devo refrescar sua cuca em relação à porcentagem de sólidos de cacau: quanto maior a porcentagem, mais firme ficará a trufa. O creme de leite também reflete na consistência da trufa de acordo com a porcentagem de gordura (leia capítulo "Tipos de chocolate", na página 30).

---

*Esta massa básica pode ser recheada com castanha, cereja em calda escorrida e, se consumidas logo em seguida, frutas frescas como morango, uva e figo. Morangos glaçados e frutas secas também são ótimas escolhas, com maior vida de prateleira. Caso lhe agrade a adição de essências, vá em frente. Só tome cuidado ao envolver licores e champanhes, pois o açúcar presente em sua composição tende a desandar a massa e a proporção terá de ser revista.*

**Rendimento:**

50 trufas de 15 g

**Ingredientes:**

*Recheio:*

* 500 g de chocolate meio amargo
* 200 g de creme de leite
* 50 g de manteiga derretida

*Para cobrir:*

* Cerca de 600 g de chocolate à sua escolha

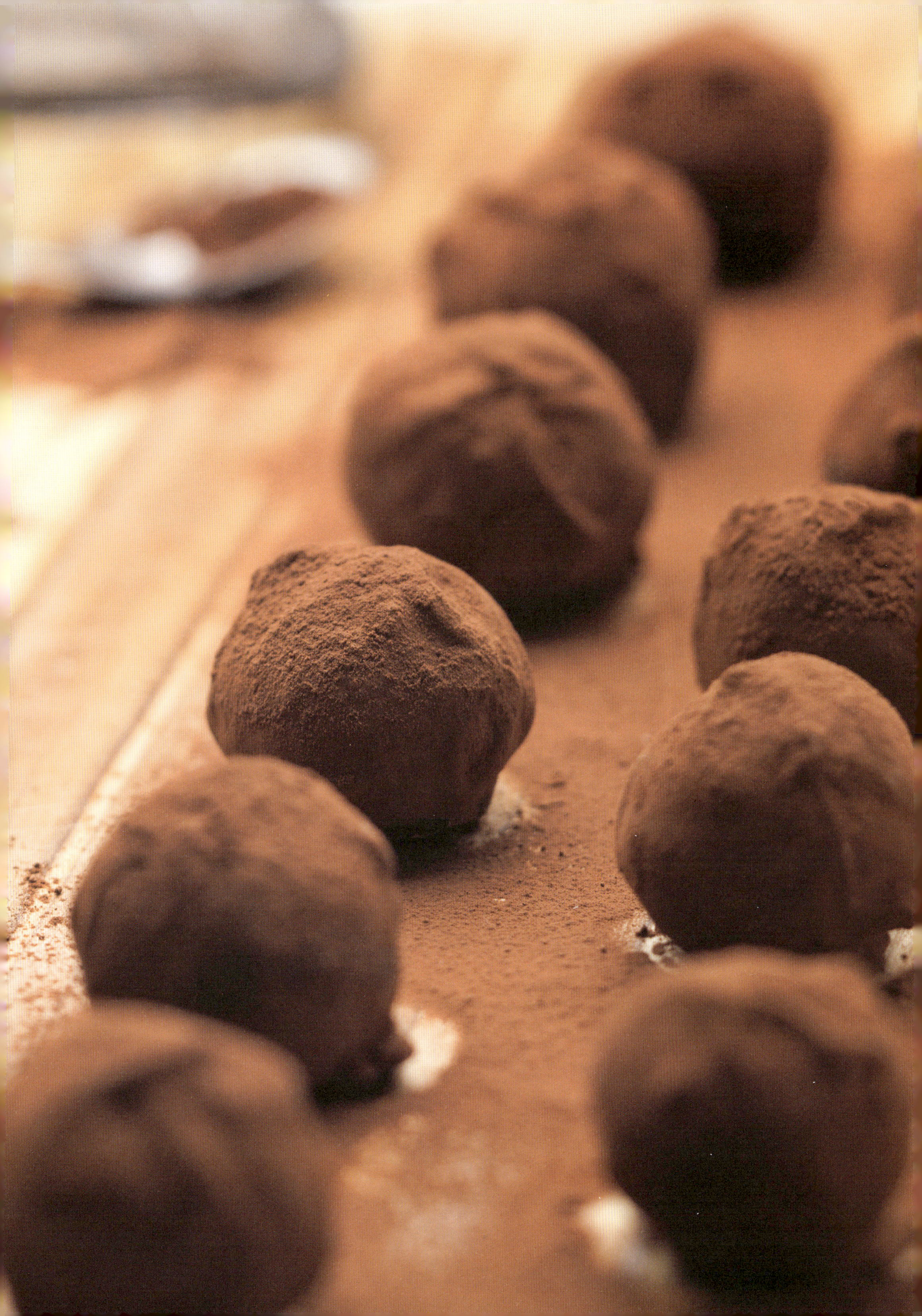

*Para envolver:*

* Cacau em pó ou açúcar de confeiteiro a gosto (opcional)

**Materiais:**

Superfície forrada com papel-manteiga

Luvas

**Modo de fazer:**

Derreta o chocolate meio amargo no banho-maria ou na potência média do micro-ondas por cerca de 3 minutos ou até que esteja completamente derretido. Quando estiver fluido e livre de grumos, adicione o creme de leite e misture vigorosamente com uma espátula, dando atenção ao fundo e à lateral. Adicione a manteiga derretida e misture para agregar. Se necessário, alise a mistura com o auxílio de um *fouet*. Leve à geladeira por cerca de 20 ou 30 minutos para cristalizar.

Forme porções de 15 gramas ou com diâmetro aproximado de 2,5 centímetros com o auxílio de uma colher (chá) sobre uma superfície forrada com papel-manteiga. Boleie rapidamente com as mãos e mantenha na geladeira até a hora do banho de chocolate.

Derreta o chocolate para cobertura das trufas no banho-maria ou na potência média do micro-ondas. Quando estiver completamente derretido, faça a temperagem apropriada. Coloque luvas e banhe as trufas no chocolate com as suas mãos. Disponha as trufas sobre papel-manteiga até secar. Caso deseje, polvilhe cacau em pó ou açúcar de confeiteiro.

**Utilizado:**

Chocolate de cobertura meio amargo nacional, creme de leite UHT com 25% de gordura.

# *Drops* de especiarias

Receber uma caixinha de presente com uma porção dessas gotinhas de chocolate enriquecido de especiarias é puro luxo.

A simples mistura dos três pós mágicos na base escura do chocolate transforma o que é bom em perfeito. Lembro-me de fãs absolutos das caixinhas douradas arrematadas com laço de fita marrom, comercializadas no meu extinto quiosque de chocolates.

Outra versão igualmente boa e com sucesso garantido é a gotinha simples com um grão de café tostado e bem crocante.

Indescritivelmente delicioso e viciante.

### Ingredientes:

- 400 g de chocolate ao leite ou meio amargo picado
- 8 g de gengibre em pó
- 4 g de café em pó solúvel
- 8 g de canela em pó

### Material:

Forma de gotinhas ou saco de confeiteiro que pode ser feito com papel-celofane (neste caso, separe uma superfície forrada com papel-manteiga).

### Modo de fazer:

Prepare o chocolate seguindo as instruções do capítulo "Tratamento de realeza", isto é, derreta em temperatura mediana e faça a temperagem apropriada. Adicione as especiarias e misture bem. Despeje o chocolate de especiarias em uma forma de gotinhas, raspe o excesso e leve à geladeira até a completa cristalização, por cerca de 15 minutos.

Desenforme e disponha em saquinhos de celofane ou caixinhas para presentear.

*Se guardados em latas bem fechadas, a sua durabilidade é de até 30 dias.*

Outra opção de apresentação é dispor o chocolate fluido com especiarias em um saco de confeiteiro ou saquinho de celofane. Neste caso, corte uma ponta do saquinho e faça pinguinhos sobre uma superfície forrada com papel-manteiga. Leve à geladeira por 5 minutos para cristalizar.

**Utilizado:**

Chocolate meio amargo nacional.

# Pingo de baunilha e doce de leite

Que tal fazer trufas com o mínimo esforço e sem sujar as mãos? Estes pingos agradam pessoas com paladar açucarado! São rápidos de fazer e modelados com saco e bico de confeiteiro. O seu ponto firme não pede que sejam cobertos com chocolate. Apenas polvilhe cacau ou açúcar de confeiteiro para um bonito acabamento.

## Pingos de baunilha

**Rendimento:**

15 pingos de 15 g cada

**Ingredientes:**

* 150 g de chocolate branco
* 40 g de creme de leite
* 25 g de manteiga derretida
* ½ colher (chá) de pasta de baunilha ou ½ fava de baunilha
* Açúcar de confeiteiro para polvilhar

**Materiais:**

Superfície forrada com papel-manteiga

Saco de confeiteiro com bico perlê grande

**Modo de fazer:**

Derreta o chocolate branco no banho-maria ou na potência média do micro-ondas por cerca de 1min30s ou até que esteja completamente derretido. Quando estiver fluido e livre de grumos, adicione o creme de leite, a manteiga derretida e a pasta de baunilha. Misture vigorosamente com uma espátula, dando atenção ao fundo e à lateral. Deixe descansar por cerca de 20 minutos em temperatura

*Você pode conservá-los em potes bem fechados e desfrutá-los por até 3 dias.*

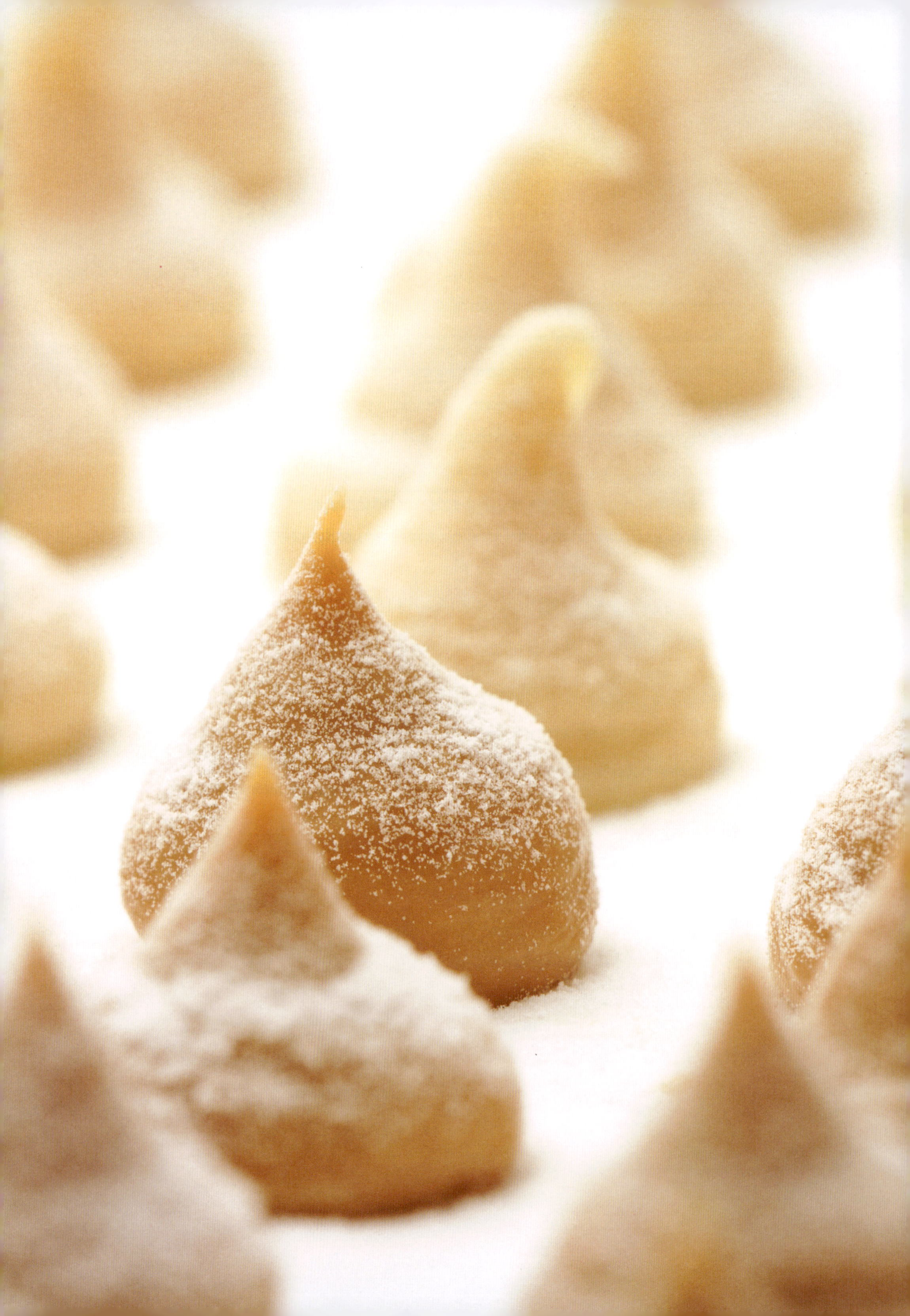

ambiente, ou cerca de 5 minutos na geladeira, para a massa ficar mais encorpada e cremosa. Coloque-a em um saco de confeiteiro com bico perlê grande. Faça pingos sobre a superfície forrada com papel-manteiga. Leve à geladeira por cerca de 10 minutos ou até firmar. Polvilhe açúcar de confeiteiro e sirva a seguir.

## Pingos de doce de leite

**Rendimento:**

15 pingos de 15 g cada

**Ingredientes:**

* 120 g de chocolate branco
* 15 g de manteiga derretida
* 100 g de doce de leite cremoso
* Cacau em pó para polvilhar

**Modo de fazer:**

Derreta o chocolate branco no banho-maria ou na potência média do micro-ondas por cerca de 1min30s ou até que esteja completamente derretido. Quando estiver fluido e livre de grumos, adicione o doce de leite e a manteiga. Misture vigorosamente com uma espátula, dando atenção ao fundo e à lateral. Deixe descansar por cerca de 20 minutos em temperatura ambiente, ou cerca de 5 minutos na geladeira, para a massa ficar mais encorpada e cremosa. Coloque-a em um saco de confeiteiro com bico perlê grande. Faça pingos sobre a superfície forrada com papel-manteiga. Leve à geladeira por cerca de 10 minutos ou até firmar. Polvilhe cacau em pó e sirva a seguir.

**Utilizado:**

Chocolate de cobertura branco, doce de leite e pasta de baunilha nacionais.

# Forminha de caramelo e flor de sal

Prepare-se para uma explosão de sabores. Este singelo bombom de caramelo e flor de sal é do tipo que emociona e faz você parar para pensar como a vida é bela e deliciosa.

Um bombom com recheio cremoso e saborosíssimo caramelo caseiro, feito com açúcar queimado e creme de leite fresco; o sabor do chocolate meio amargo equilibra a doçura; e a flor de sal coroa e finaliza com elegância a tríade de sabores.

**Rendimento:**

20 bombons com 2,5 X 3 cm

**Ingredientes:**

*Caramelo:*

* 60 g de açúcar
* 300 g de creme de leite
* 20 g de manteiga sem sal
* 120 ml de água

*Casca:*

* Cerca de 500 g de chocolate meio amargo

*Para decorar:*

* Flor de sal

**Materiais:**

Forminhas de papel laminado nº 4

Superfície forrada com papel-manteiga

**Modo de fazer:**

*Caramelo:*

Derreta o açúcar no fogo médio até obter um caramelo fluido. Acrescente o creme de leite e a manteiga. Misture e acrescente a água. Aguarde o caramelo derreter novamente e mexa até obter uma mistura homogênea e engrossar levemente. Retire do fogo e deixe esfriar por completo.

*Casca:*

Use de 2 a 3 forminhas de papel laminado para ter maior conforto no trabalho.

Prepare o chocolate seguindo as instruções do capítulo "Tratamento de realeza", isto é, derreta em temperatura mediana e faça a temperagem apropriada. Com o auxílio de uma concha, preencha a cavidade da forminha e dê leves batidinhas para eliminar eventuais bolhas de ar. Volte o excesso de chocolate para a tigela, tomando o cuidado para a casquinha não ficar muito fina. Limpe o excesso de chocolate nas bordas e posicione a boca da forminha virada sobre uma superfície reta e forrada com papel-manteiga. Leve para a geladeira por cerca de 5 minutos. Passado esse tempo, solte da base de papel-manteiga e finalize a cristalização com a boca voltada para cima. Refrigere por cerca de 10 minutos.

*Montagem:*

Recheie a casca com o caramelo frio, deixando cerca de 3 milímetros de borda. Verifique se as bordas não estão sujas de caramelo, para que a vedação seja efetiva. Cubra rapidamente cada bombom com o chocolate previamente preparado e retire o excesso com uma espátula. Logo em seguida, salpique flor de sal sobre o chocolate ainda úmido. Leve à geladeira por cerca de 5 minutos para finalizar a cristalização e *voilà*! Forminhas de bombom de caramelo ao dispor de sua gula!

### Utilizado:

Creme de leite fresco com 35% de gordura, chocolate meio amargo belga com 53,8% de sólidos de cacau e flor de sal de Guérande.

# Copinho de *physalis* e lavanda

Este doce tem gosto de poesia... *Physalis*, camapu, saco de bode... qual denominação você prefere? Apesar de parecer uma laranjinha, a *physalis* é da família do tomate. De sabor exótico e agridoce, vai bem com chocolate. Tem efeito decorativo extraordinário graças ao seu amarelo reluzente e folhagem seca. Por isso, tem presença garantida nas mesas de doces dos casamentos mais badalados. A geleia orgânica nacional de *physalis* é novidade. Seu sabor é vibrante e o visual, impregnado de sementinhas da fruta.

A lavanda, por sua vez, é uma linda florzinha roxa comumente encontrada desidratada e dá ao doce um aroma delicado.

**Rendimento:**

Cerca de 20 unidades

**Ingredientes:**

*Ganache de lavanda:*

* 240 g de chocolate branco
* 80 g de creme de leite
* 1 ½ colher (chá) de lavanda seca

*Recheio:*

* Geleia de *physalis*

*Copinho:*

* 360 g de chocolate meio amargo

**Materiais:**

Forma de bombons redondos

Papel-manteiga

Palito de dentes

**Modo de fazer:**

*Ganache de lavanda:*

Faça uma infusão: adicione a lavanda seca no creme de leite e leve ao banho-maria ou deixe na potência média do micro-ondas por cerca de 40 segundos. Reserve.

Derreta o chocolate branco no banho-maria ou na potência média do micro-ondas por cerca de 2min20s ou até ficar completamente derretida.

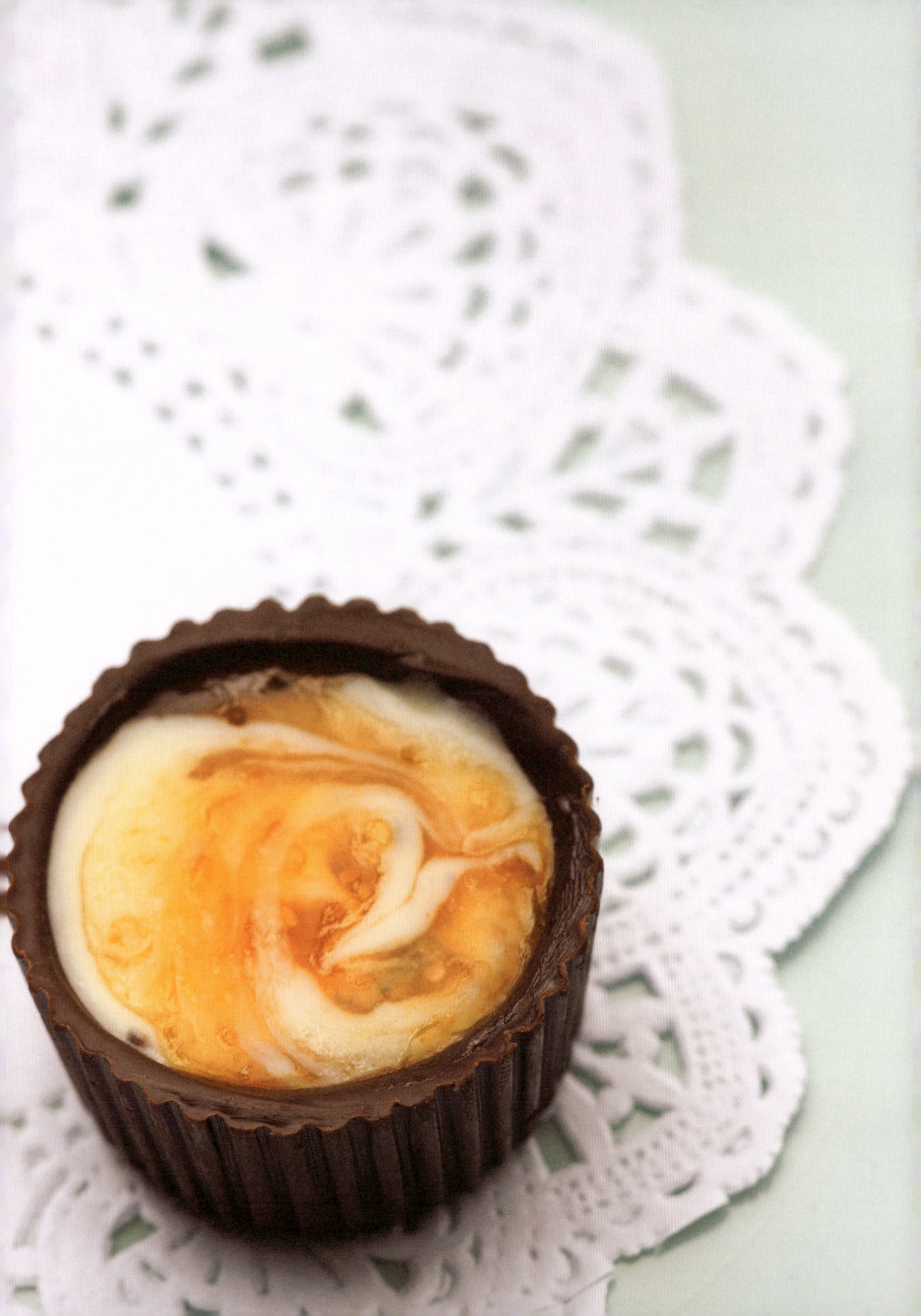

Adicione a infusão de lavanda. Misture vigorosamente até obter uma *ganache* lisa e livre de grumos.

*Copinho:*

Limpe uma forma de bombons redondos com uma toalha de papel. Com ela, você poderá obter a forma do copinho.

Prepare o chocolate seguindo as instruções do capítulo "Tratamento de realeza", isto é, derreta em temperatura mediana e faça a temperagem apropriada. Com o auxílio de uma concha, preencha as cavidades e dê leves batidinhas para eliminar eventuais bolhas de ar.

Volte o chocolate para a tigela, tomando o cuidado para a casquinha não ficar muito fina. Limpe o excesso de chocolate nas bordas com uma espátula e posicione a boca da forma sobre uma superfície reta e forrada com papel-manteiga.

Leve à geladeira por cerca de 5 minutos. Passado esse tempo, solte da base de papel-manteiga e finalize a cristalização com a boca voltada para cima. Esse processo levará cerca de 15 minutos ou até que o fundo do seu copinho esteja totalmente desgrudado da forma de chocolate, com visual opaco. Desenforme as cascas, dando batidas contra uma superfície.

*Montagem:*

Com uma colher pequena, recheie metade do copinho com a *ganache* de lavanda e preencha o restante com a geleia de *physalis*. Com um palito de dentes, mescle as duas cores. Salpique algumas lavandas secas para decorar.

**Utilizado:**

Barras de chocolate ao leite e branco nacionais, creme de leite UHT com 25% de gordura, geleia orgânica de *physalis* nacional e lavanda desidratada chinesa.

*Você pode substituir a geleia de physalis pela de damasco.*

# Barra de caramelo

Entre tantas gostosuras do livro, acredite quando digo que esta é uma das minhas preferidas. Claro, se você gostar da simples mistura de chocolate com caramelo caseiro. As lasquinhas de damasco são uma boa surpresa e agradam até aqueles que torcem o nariz ao notar a presença da fruta.

O seu visual rústico é emocionante. A barra de formato irregular e quebrada nas mãos fica linda quando disposta em embalagens transparentes e decorada com laço de fita.

Como este doce não depende de forma, você pode prepará-lo num piscar de olhos.

**Rendimento:**

1 barra tamanho 20 X 20 cm

**Ingredientes:**

*Caramelo:*

* 60 g de açúcar
* 120 g de creme de leite
* 20 g de manteiga sem sal

*Barra:*

* 225 g de chocolate amargo ou meio amargo

*Sugestão de cobertura:*

* 2 damascos cortados em filetes
* NIBs de cacau (opcional)
* Cacau em pó para polvilhar

**Material:**

Papel-celofane

**Modo de fazer:**

*Caramelo:*

Derreta o açúcar no fogo médio até obter um caramelo fluido. Abaixe o fogo e acrescente o creme de leite e a manteiga. Misture rapidamente e apague o fogo. O seu caramelo deverá ficar com

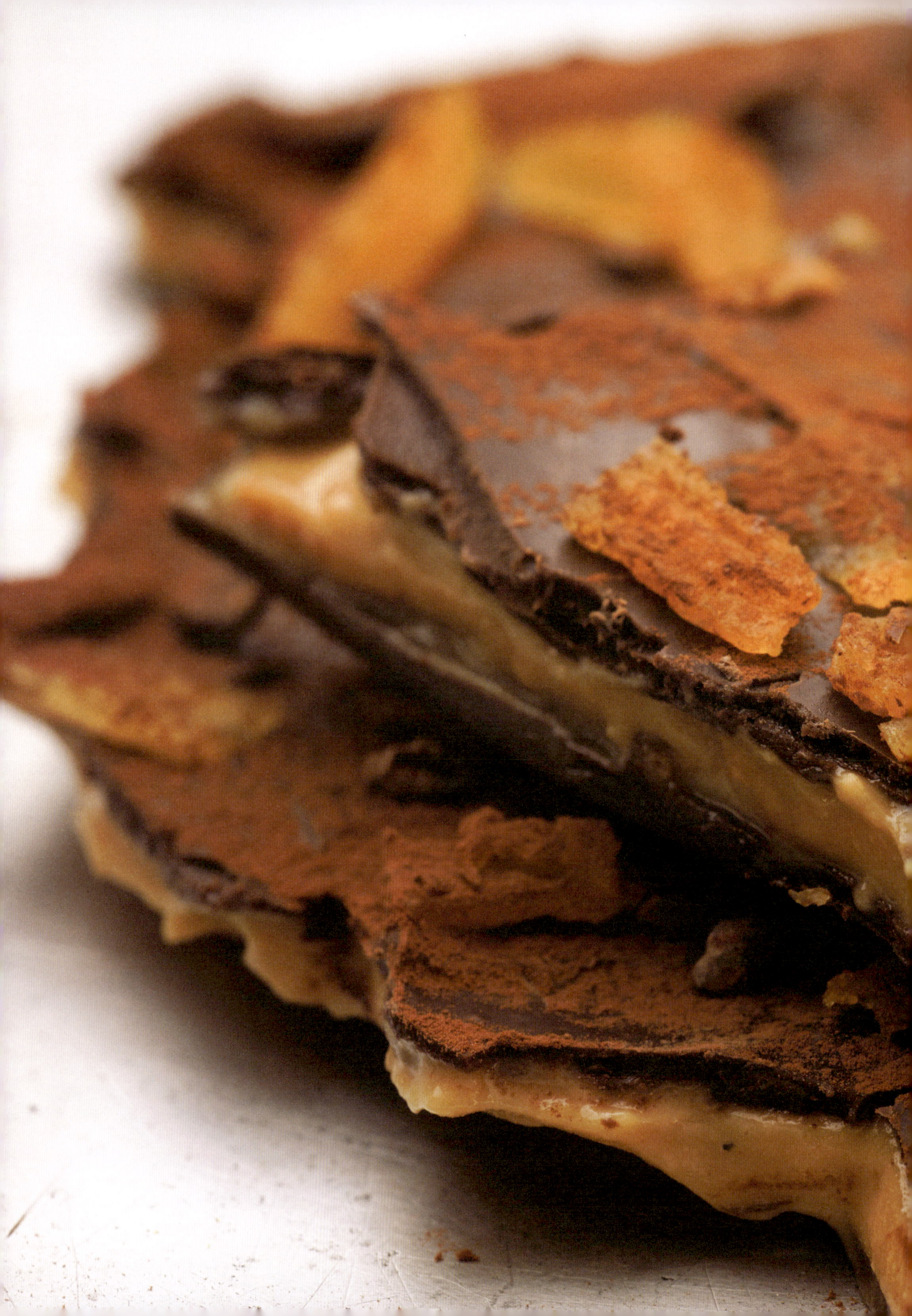

ponto cremoso quando frio. Deixe esfriar por completo.

*Barra:*

Forre as costas de uma assadeira com um quadrado de celofane com 30 X 30 centímetros.

Prepare o chocolate seguindo as instruções do capítulo "Tratamento de realeza", isto é, derreta em temperatura mediana e faça a temperagem apropriada. Despeje metade do chocolate temperado sobre o celofane e espalhe com as costas de uma colher, formando um quadrado de aproximadamente 20 X 20 centímetros. Leve à geladeira por 5 minutos para cristalizar.

Passado esse tempo, retire da geladeira e espalhe todo o caramelo sobre a base de chocolate cristalizada. Em seguida, despeje o restante do chocolate temperado. Sobre o chocolate ainda úmido, espalhe os filetes de damasco. Retorne à geladeira novamente por mais 5 minutos ou até cristalizar. Polvilhe uma fina camada de cacau em pó.

Parta pedaços grandes irregulares com as mãos ou com a faca e arrume em saquinhos transparentes.

### Utilizado:

Creme de leite UHT com 25% de gordura, chocolate de cobertura meio amargo nacional.

*Finalize os pacotinhos transparentes com um laço e guarde por até 7 dias.*

# Pasta de amendoim e chocolate

Nunca fui muito chegada a pasta de amendoim... até conhecer a versão caseira. A cremosidade e qualidade de uma pasta de amendoim feita em casa é ultrassuperior, e o seu sabor é rico, autêntico e saboroso. A adição de chocolate nesta pasta, que já é naturalmente boa, ficou ainda melhor.

### Rendimento:

Cerca de 425 g

### Ingredientes:

* 100 g de chocolate meio amargo picado
* 260 g de amendoim tostado e descascado
* ½ colher (chá) de sal
* 20 ml de óleo de milho
* 30 g de manteiga amolecida
* 35 g de açúcar de confeiteiro

### Modo de fazer:

Derreta o chocolate no banho-maria ou na potência média do micro-ondas por cerca de 2min20s ou até ficar completamente derretido. Misture para eliminar qualquer grumo. Reserve.

Coloque no processador o amendoim tostado e descascado, o sal e o óleo. Processe por cerca de 2 minutos até virar uma pasta. Acrescente a manteiga amolecida, o açúcar de confeiteiro e bata o suficiente para agregar os ingredientes e alisar a pasta. Adicione o chocolate morno derretido e misture até obter uma mistura homogênea. Coloque em potes de vidro e guarde por até 20 dias na geladeira.

### Utilizado:

Chocolate de cobertura meio amargo nacional.

*Você pode congelar esta pasta tranquilamente, ou mantê-la na geladeira por cerca de 20 dias.*

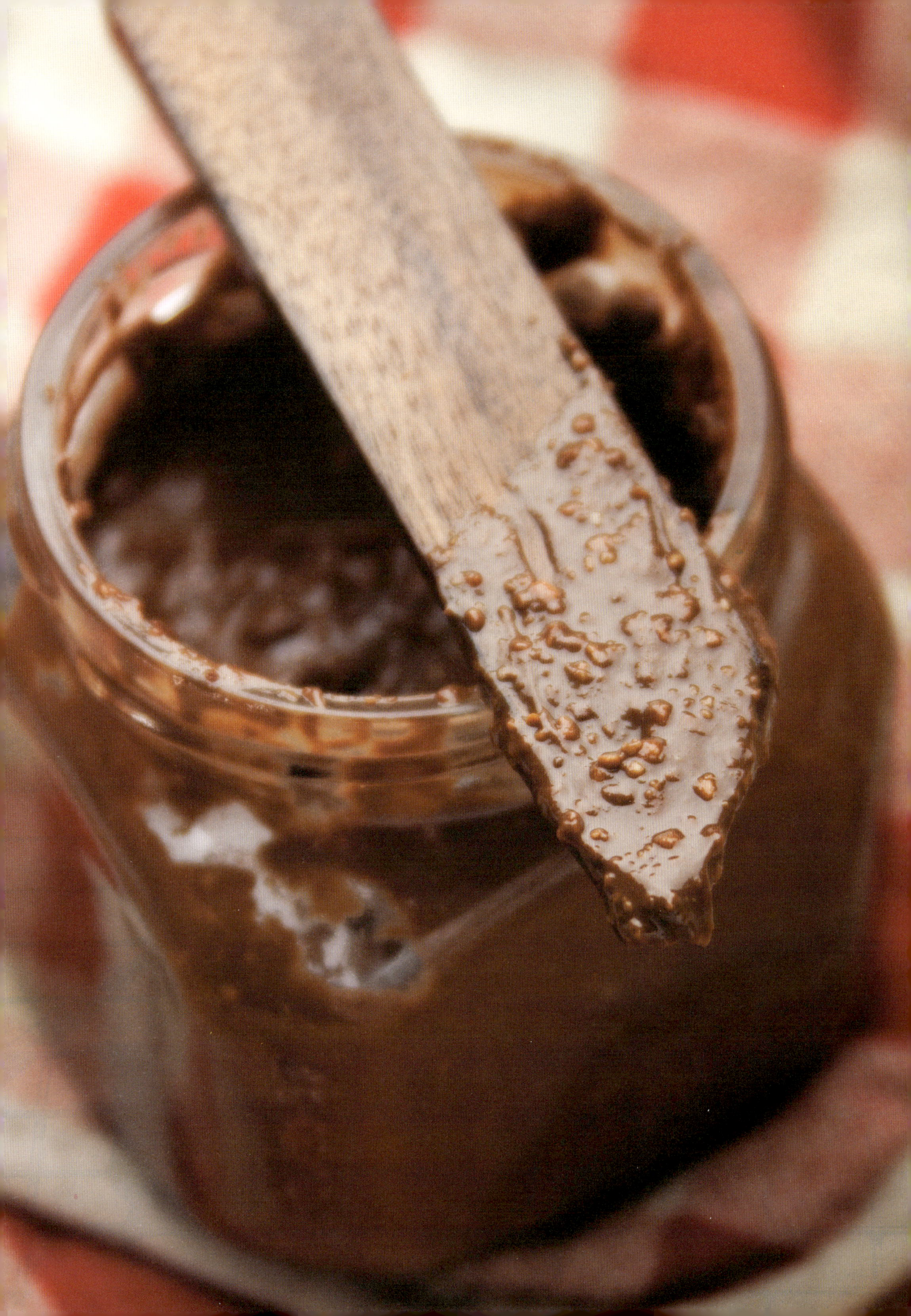

# Salaminho de chocolate especial

    O salaminho de chocolate faz sucesso entre crianças e adultos. A forma cilíndrica e a massa escura de brigadeiro com bolachas e nozes, que fazem a vez da gordura do embutido, remetem muito ao salaminho suíno.

    De origem portuguesa, a versão verdadeira é feita com chocolate puro, gemas, manteiga, bolachas e vinho do Porto. Aqui o doce foi adaptado ao nosso paladar. A base mais comum é a de brigadeiro com bolachas e castanhas. Há receitas que trocam a massa de brigadeiro por pasta de avelãs, e aqui sugiro a inclusão de cerejas em calda escorridas, limão cristalizado e chocolate branco picadinhos na massa, que dão um colorido vistoso e apetitoso. Monte sua combinação preferida! Já imaginou uma base de brigadeiro de pistache? Olhos brilhando...

**Rendimento:**

2 salaminhos de 30 cm

**Ingredientes:**

* 395 g de leite condensado
* 100 g de creme de leite
* 30 g de manteiga sem sal
* 15 g de chocolate em pó
* 10 g de cacau em pó
* 60 g de cerejas em calda escorridas picadas
* 150 g de bolacha maisena picada
* 45 g de chocolate branco picado
* Chocolate ou cacau em pó para polvilhar

**Materiais:**

Papel-celofane ou papel-alumínio

**Modo de fazer:**

Leve ao fogo, em uma panela com fundo grosso, o leite condensado, o creme de leite, a manteiga, o chocolate em pó e o cacau em pó. Após obter fervura, abaixe o fogo e cozinhe até a mistura começar a desprender do fundo da panela. Retire do fogo e misture as cerejas picadas e escorridas e as bolachas picadas. Deixe amornar e só então agregue o chocolate branco picado.

Disponha sobre um celofane transparente ou papel-alumínio e modele como se fosse um rolinho, dando o formato de um salaminho. Leve à geladeira por cerca de 1 hora ou até firmar. Retire do celofane, passe no chocolate ou cacau em pó e corte em rodelas. Sirva a seguir.

**Utilizado:**

Creme de leite UHT com 25% de gordura, chocolate em pó com 32% de cacau nacional, cacau em pó belga.

# Choco nuts bar

Tive acesso a esta fantástica receita de nozes carameladas no forno por meio do blog Chucrute com Salsicha, de uma pessoa querida apelidada de "prima", apesar de não termos focinho de uma, tampouco nariz de outra. Nem nos conhecemos pessoalmente em razão dos milhares de quilômetros que nos separam.

Acredite em mim quando digo que a mistura crocante das nozes carameladas temperadas com canela e o glorioso chocolate meio amargo fazem desta uma das melhores combinações na face da terra.

Simples, intenso e memorável!

**Rendimento:**
1 barra com 20 X 30 cm

**Material:**
Papel-alumínio

**Ingredientes:**

* 2 claras de ovo
* 30 ml de água
* 300 g de nozes
* 130 g de açúcar
* 12 g de canela
* 300 g de chocolate meio amargo para dar liga
* Cacau em pó para polvilhar (opcional)

**Modo de fazer:**

Forre uma assadeira com papel-alumínio. Reserve.

Preaqueça o forno a 180 °C.

Bata as claras com a água até espumar. Adicione as nozes e as envolva por completo. Peneire as nozes, eliminando o excesso de claras.

Coloque o açúcar e a canela dentro de um saco plástico e agite para misturar bem. Adicione as nozes e sacuda fazendo com que todas fiquem

*Conserve em latas bem fechadas por até 10 dias.*

cobertas com a mistura de açúcar e canela.

Deite as nozes na assadeira preparada e leve para assar por cerca de 30 minutos, mexendo a cada 15 minutos. O ponto certo é quando estiverem bem secas e crocantes. Deixe esfriar por completo, quebre grosseiramente e disponha em uma tigela grande.

Forre as costas de outra assadeira com papel-alumínio. Reserve.

Prepare o chocolate seguindo as instruções do capítulo "Tratamento de realeza", isto é, derreta em temperatura mediana e faça a temperagem apropriada. Adicione o chocolate, às colheradas, às nozes carameladas frias e crocantes. Misture bem, até cobrir todas.

Leve à geladeira por cerca de 10 minutos ou até que o chocolate tenha endurecido. Polvilhe cacau em pó se desejar.

**Utilizado:**

Chocolate de cobertura meio amargo nacional.

# Barra *gianduia*

Segue uma simples combinação do bom com o ótimo, com resultado naturalmente fantástico. A adição da pasta de avelã ao chocolate ainda fluido resulta em uma barra com perfume encantador. As avelãs tostadas crocantes contrastam perfeitamente com a maciez e a doçura desta barra. Uma ótima opção de presente!

**Rendimento:**

1 barra com 23 X 23 cm e cerca de 1 cm de altura

**Ingredientes:**

* 340 g de chocolate amargo ou meio amargo
* 340 g de pasta de avelã
* 60 g de avelãs tostadas e bem picadinhas

**Material:**

Papel-celofane

**Modo de fazer:**

Prepare uma assadeira de tamanho médio, com 23 X 23 centímetros, com duas tiras de celofane transparente cruzadas, forrando o fundo e as laterais.

Derreta o chocolate meio amargo no banho-maria ou na potência média do micro-ondas por cerca de 2min30s e faça a temperagem apropriada, seguindo as instruções do capítulo "Tratamento de realeza". Adicione a pasta de avelã e misture vigorosamente com uma espátula, dando atenção ao fundo e à lateral.

Verta essa mistura na forma com o celofane. Alise e distribua a massa por igual. Polvilhe avelãs quebradas sobre a barra.

Leve à geladeira por cerca de 30 minutos ou até que a barra endureça. Desenforme, retire o celofane e corte a gosto.

**Utilizado:**

Chocolate amargo com 53,8% de cacau belga e pasta de avelãs nacional.

*Conserve em latas bem fechadas por até 20 dias.*

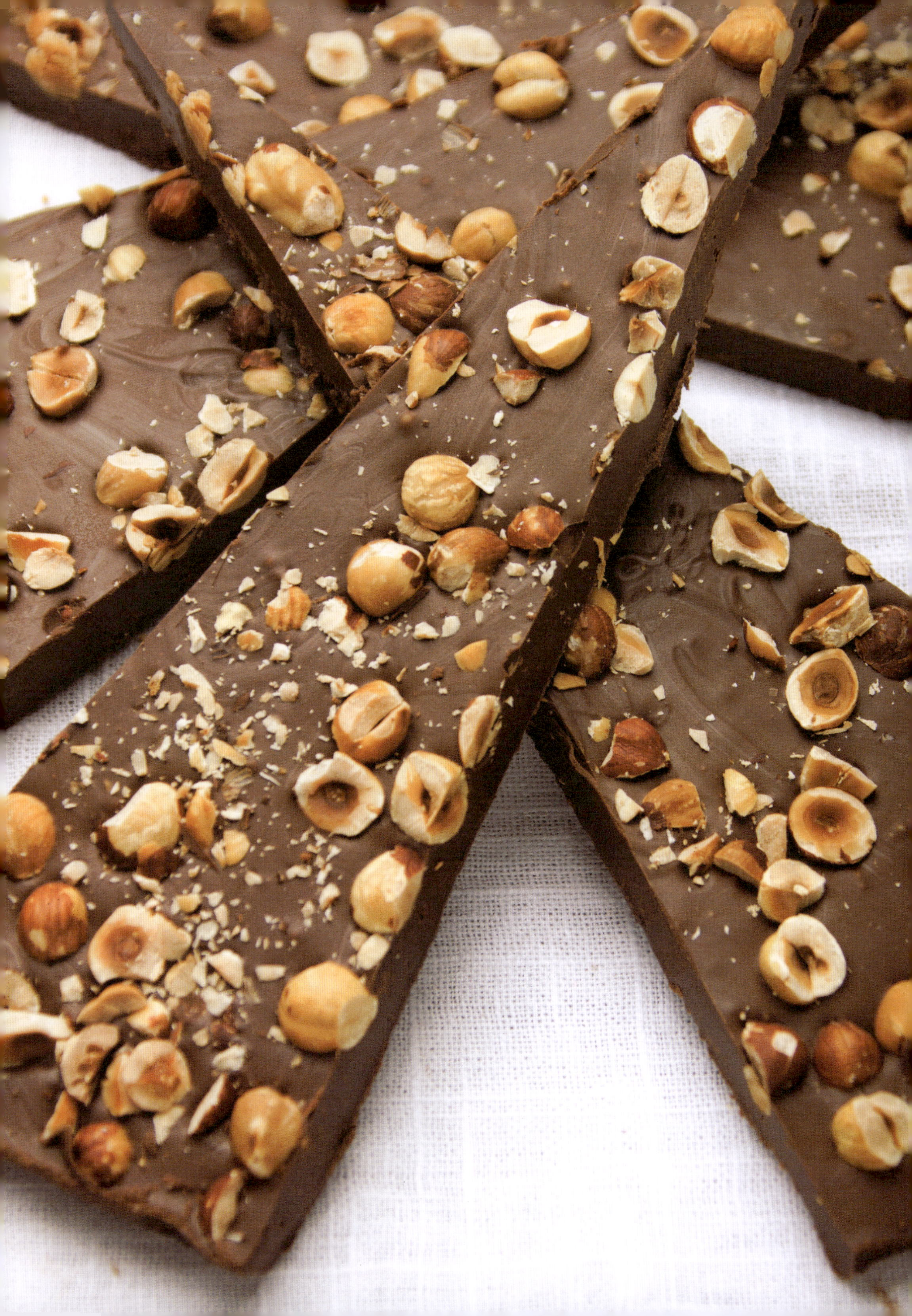

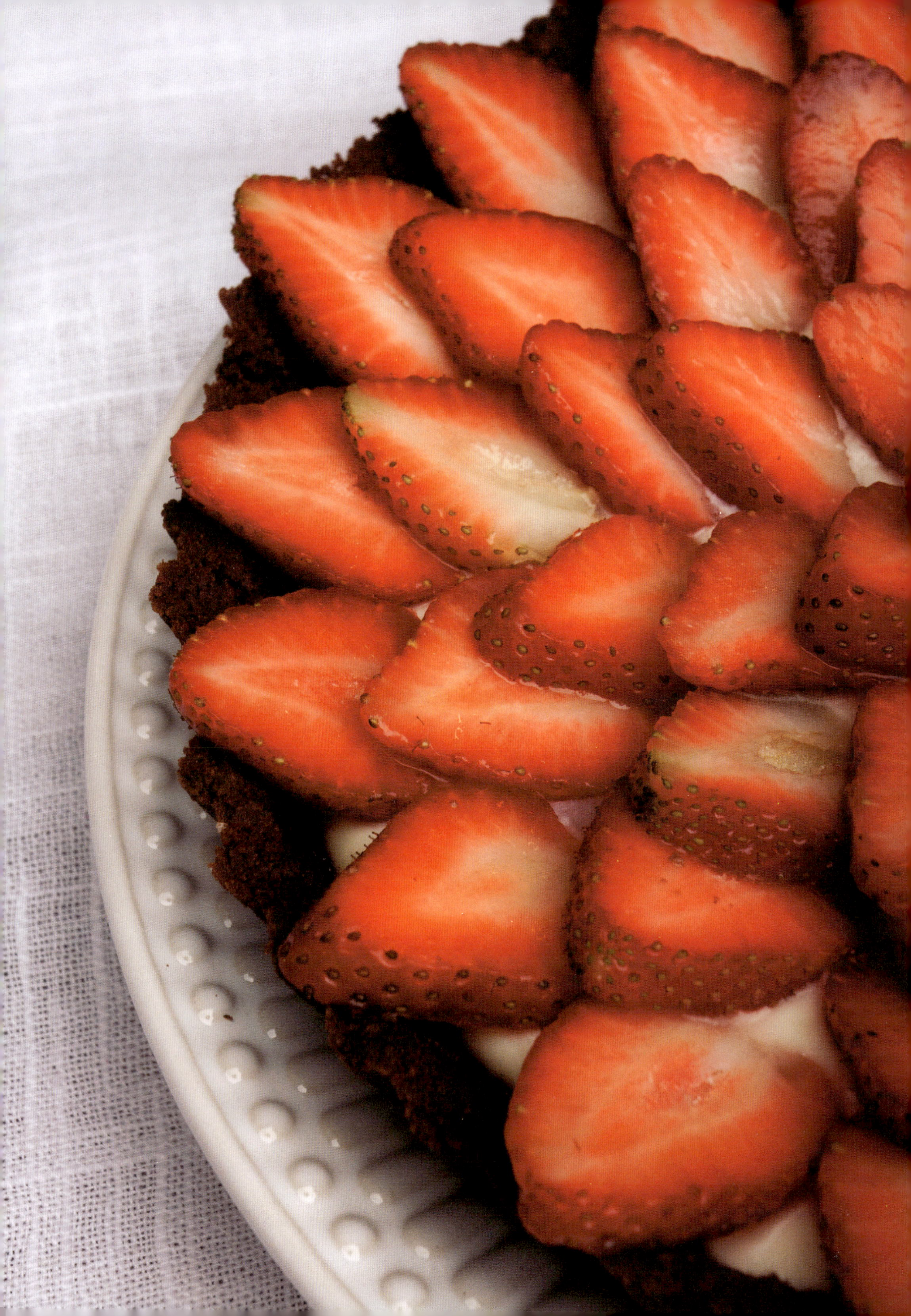

# Torta de limão, *shochu* e morango

No Japão, há verdadeiras obras de arte comestíveis: bem executadas e comedidas no açúcar.

Com um livro japonês aprendi a decorar com morangos fatiados. A ideia é simples, mas, se não houver capricho, o resultado ficará aquém do esperado.

Fatie os morangos e separe-os por tamanho. Fatias maiores são reservadas para camadas externas; as menores, para o miolo. As fatias de morango da camada seguinte devem desencontrar as da camada anterior. Desse modo, lembram as pétalas de uma flor.

A *ganache* ganhou sabor com um licor à base de um destilado japonês, o *shochu*. Os primeiros *shochus* eram feitos a partir do resíduo de saquê e posteriormente de arroz, batata-doce, cevada e trigo. O licor desta receita é à base de trigo com adição de suco de uma fruta cítrica chamada *yuzu* (misto de *grapefruit* e tangerina), que casa com limão siciliano.

**Rendimento:**

1 torta com 25 cm de diâmetro

**Ingredientes:**

*Base:*

* 200 g de biscoitos amanteigados de chocolate
* 75 g de manteiga sem sal derretida

*Ganache de limão siciliano e shochu:*

* 280 g de chocolate branco picado
* 100 g de creme de leite
* 30 ml de suco de limão peneirado (praticamente o suco de 1 limão)
* 80 ml de *shochu* de *yuzu*
* Raspas de 1 limão siciliano

*Em vez de shochu, você pode dar sabor à sua ganache com limoncello ou simplesmente eliminá-lo.*

*Para decorar:*

* 2 caixinhas de morangos laminados
* 30 g de açúcar (se os morangos estiverem azedos)

### Material:

Assadeira com fundo removível

### Modo de fazer:

*Base:*

Preaqueça o forno a 180 °C.

Processe os biscoitos de chocolate até obter uma farinha. Adicione a manteiga derretida e misture com as mãos até obter uma consistência de areia molhada. Dependendo do tipo de biscoito, talvez seja necessário adicionar um pouco mais de manteiga.

Cubra o fundo de uma assadeira removível e suba cerca de 3 centímetros nas laterais. Leve ao forno preaquecido por cerca de 15 minutos. Retire e deixe esfriar completamente.

*Ganache de limão siciliano e shochu:*

Derreta o chocolate branco no banho-maria ou na potência média do micro-ondas por cerca de 2min30s ou até que esteja completamente derretido. Quando estiver fluido e livre de grumos, adicione o creme de leite e misture vigorosamente com uma espátula, dando atenção ao fundo e à lateral. Adicione o suco de limão, o *shochu*, as raspas e misture até incorporar.

*Montagem:*

Lave bem os morangos e elimine as suas folhas. Corte lâminas no sentido longitudinal. Adicione açúcar, caso o morango esteja azedo, e misture delicadamente.

Verta a *ganache* sobre a base de torta feita de biscoitos e espalhe uniformemente.

Em seguida, distribua os morangos sobre o recheio de limão. Comece de fora para dentro, desencontrando as fatias de morango na camada seguinte.

### Utilizado:

Chocolate de cobertura branco nacional, *shochu* de *yuzu* adquirido em adega de saquê e creme de leite UHT com 25% de gordura.

# *Harumaki* de banana com chocolate

Aprendi a usar massa filo com uma amiga brasileira que vive em Montreal e é casada com um franco-tunisiano. Um casal adorável!

Nos banquetes que preparam quando me recebem, a delicada massa tunisiana *brik* sempre está presente nas entradinhas e tortas deliciosas. Ela se assemelha à nossa massa filo finíssima e também precisa de pinceladas de manteiga derretida para ficar crocante.

O *harumaki*, também conhecido como rolinho primavera, é uma massinha frita geralmente recheada com carnes e legumes.

Esta versão é assada e feita com a massa filo. Ficou ultrafolhada, crocante e muito melhor que a versão frita. A combinação de bananas com *ganache* de chocolate é um espetáculo à parte.

**Rendimento:**

12 *harumakis*

**Ingredientes:**

* 80 g de chocolate meio amargo picado
* 50 g de creme de leite
* 300 g de massa filo descongelada
* 3 bananas-nanicas maduras
* Manteiga para pincelar
* Mistura de açúcar e canela para polvilhar

**Modo de fazer:**

Derreta o chocolate no banho-maria ou na potência média do micro-ondas por cerca de 1 minuto ou até que esteja completamente derretido. Adicione o creme de leite e misture até obter uma *ganache* lisa e livre de grumos. Deixe estabilizar por cerca de 40 minutos ou leve à geladeira por aproximadamente 15 minutos, até ficar cremosa. Reserve.

Preaqueça o forno a 200 °C.

Corte retângulos de massa filo de tamanho 15 X 25 centímetros. Espalhe ¼ de 1 banana picada e uma colher (chá) cheia de *ganache* em uma das extremidades de 15 centímetros do retângulo de massa filo, deixando cerca de 2 centímetros de borda.

Pincele manteiga derretida nas bordas e em toda a massa restante. Dobre a ponta próxima sobre as bananas e as duas laterais. Enrole até findar a massa, pincelando manteiga derretida nas dobras. Para finalizar, pincele manteiga sobre toda a superfície do rolinho e leve ao forno preaquecido por cerca de 10 minutos ou até dourar e ficar bem crocante. Passe na misturinha de açúcar e canela e sirva imediatamente.

**Utilizado:**

Chocolate de cobertura meio amargo nacional e creme de leite UHT com 25% de gordura.

# *Strudel* de chocolate, maçã e nozes

Muitos, mas muitos anos atrás, fiz uma massa de *strudel* original. Apesar de deliciosa, exigia muita paciência e habilidade para abrir a massa finíssima, tão fina que possibilitava enxergar a estampa da toalha de tecido que forrava a mesa onde eu esticava a massa.

As massas filo industrializadas são uma "mão na roda" em nossa vida de labuta. Fáceis de manusear, resultam em um *strudel* folhado. Ultracrocante, essa textura é notada até o dia seguinte. Não poderia ter resultado melhor.

## Compota de maçã

**Rendimento:**

Cerca de 700 g

**Ingredientes:**

* 3 maçãs descascadas e picadas
* 80 g de açúcar
* ½ colher (sopa) de canela
* 180 ml de água

**Modo de fazer:**

Descasque as maçãs e corte-as em cubinhos. Leve ao fogo, em uma panela, com o açúcar, a canela e a água até obter fervura. Abaixe a chama e cozinhe por cerca de 10 minutos. Esfrie e coe a compota de maçãs, reservando a calda para umedecer a mistura do recheio.

*Experimente também a combinação de pasta de avelã, banana e nozes.*

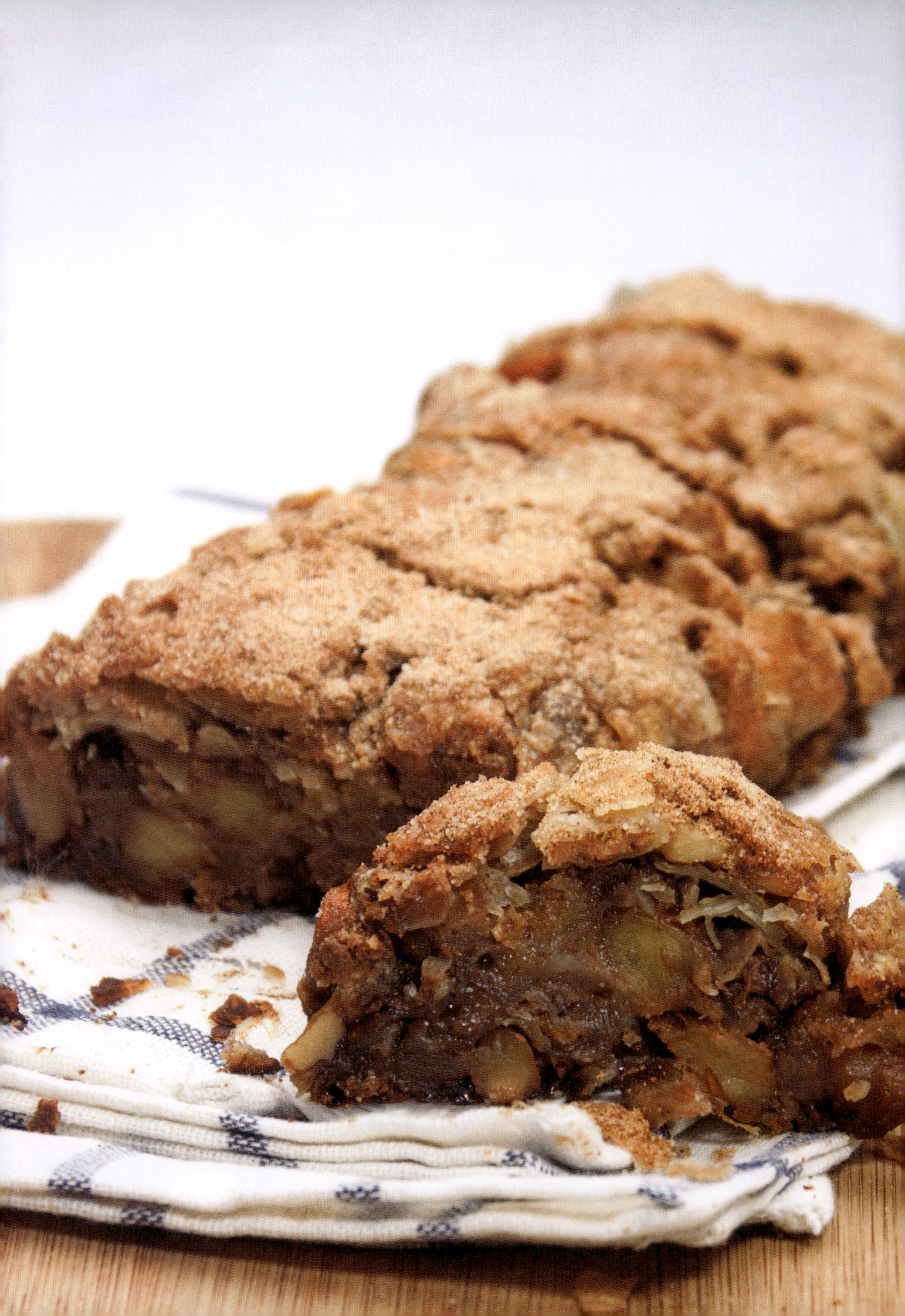

# Strudel

**Rendimento:**

2 *strudels* grandes

**Ingredientes:**

- 260 g de massa filo
- 100 g de manteiga derretida
- Açúcar e canela para polvilhar
- Açúcar de confeiteiro para polvilhar (opcional)

*Recheio:*

- 125 g de biscoitos champanhe esfarelados
- 125 g de chocolate meio amargo picado
- 125 g de nozes picadas
- 1 receita de compota de maçã

**Modo de fazer:**

*Recheio:*

Em uma tigela, junte o biscoito champanhe esfarelado, o chocolate, as nozes picadas e a compota de maçã. Misture e adicione um pouco da calda da compota para proporcionar umidade e dar sabor à massa. Reserve.

*Montagem:*

Preaqueça o forno a 180 °C.

Abra a massa filo e corte em quatro partes iguais. Pincele manteiga em duas partes e posicione as outras duas sem manteiga sobre elas. Temos agora duas peças. Sobre uma delas, pincele manteiga, polvilhe uma fina camada de açúcar e canela e metade da mistura do recheio. Em uma das pontas, comece a fazer um rolinho com delicadeza. Você obterá um *strudel* de tamanho grande. Terminada a primeira peça, repita a operação com a segunda. Pincele a superfície do *strudel* com a manteiga derretida e polvilhe açúcar e canela. Leve ao forno preaquecido por cerca de 20 minutos ou até dourar. Caso deseje, polvilhe açúcar de confeiteiro antes de servir.

**Utilizado:**

Massa filo industrializada, biscoito champanhe industrializado, chocolate ao leite nacional e maçãs tipo Gala.

# Churros com molho picante de chocolate

Churros fazem parte da infância. Quando pequena, eu só comia os salgados. Fritos em formato de espiral em um tacho gigante cheio de óleo, eram cortados com uma tesourinha e embalados em papel branco. Sair da feira com um pacotinho era pura satisfação.

Quando experimentei o churro doce pela primeira vez, uma massa frita envolta em açúcar, canela e recheada fartamente com doce de leite, jurei amor eterno.

Segue uma versão de churros servidos com calda quente de *fudge* de chocolate. Dei um toque picante, polvilhando *harissa*, que pode ser substituída por páprica picante. Para um bom resultado, use bico estrela grande e abra os dentes do bico cuidadosamente com uma faquinha. O churro fica mais gordinho, macio por dentro e crocante por fora.

**Rendimento:**

Para 4 pessoas

**Ingredientes:**

*Calda de chocolate:*

* 150 g de leite condensado
* 240 ml de leite
* 12 g de cacau em pó
* 90 g de chocolate meio amargo picado
* *Harissa* ou páprica picante para polvilhar (opcional)

*Churros:*

* 240 ml de água
* 60 g de açúcar
* 6 g de cacau em pó
* ½ colher (chá) de noz-moscada (opcional)

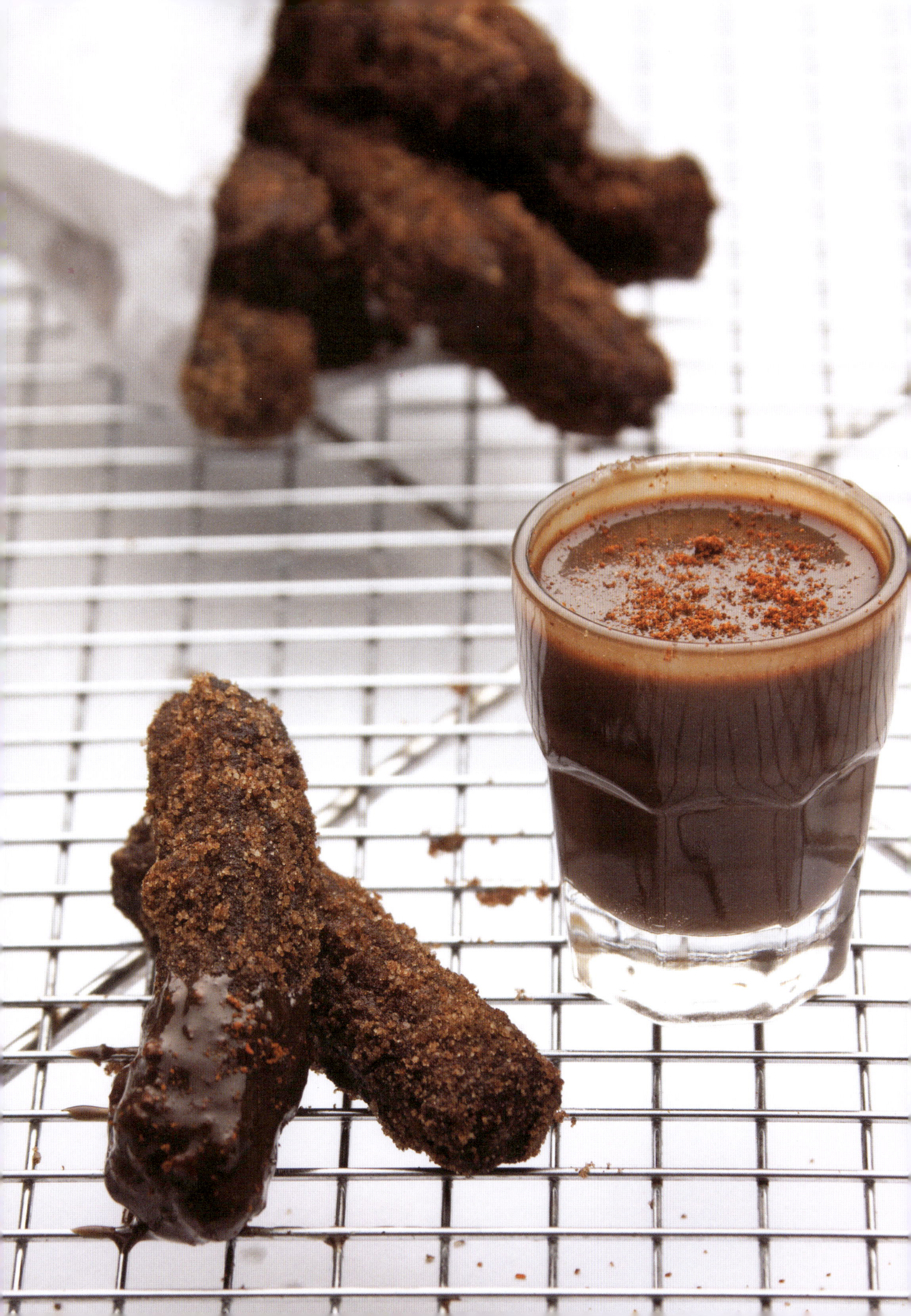

* 1 pitada de sal
* 60 g de manteiga
* 120 g de farinha de trigo
* 2 ovos (extra)
* Misturinha de açúcar e canela para polvilhar

**Material:**

Saco de confeiteiro com bico estrela grande

**Modo de fazer:**

*Calda de chocolate:*

Em uma panela de fundo grosso, junte o leite condensado, o leite e o cacau e leve ao fogo até obter fervura completa. Abaixe o fogo e só então adicione o chocolate picado. Desligue o fogo e misture até obter uma calda lisa e sem grumos. Caso deseje, polvilhe *harissa* ou páprica picante em cima da calda antes de servir.

*Churros:*

Reserve uma panela funda com óleo para fritar os churros.

Em outra panela, misture a água, o açúcar, o cacau, a noz-moscada, o sal e a manteiga. Leve ao fogo até ferver. Após a fervura, remova do fogo e coloque a farinha de uma só vez. Misture até obter uma massa lisa e homogênea. Adicione um ovo por vez e mexa bem a cada adição até incorporar por completo.

Coloque a massa em um saco de confeiteiro com bico estrela grande. Para um churro mais gordinho, abra delicadamente os dentes do bico com auxílio de uma faca pequena. Faça porções do tamanho desejado sobre o óleo quente, cortando o fim da massa com uma tesoura untada com óleo. Frite até dourar, o suficiente para obter uma casca crocante e massa cozida por dentro.

Retire os churros e disponha sobre um papel absorvente. Em seguida, role os churros na mistura de açúcar e canela. Sirva em seguida com a calda preparada.

**Utilizado:**

Chocolate de cobertura meio amargo nacional, *harissa* (pimenta defumada tunisiana) e cacau em pó nacional.

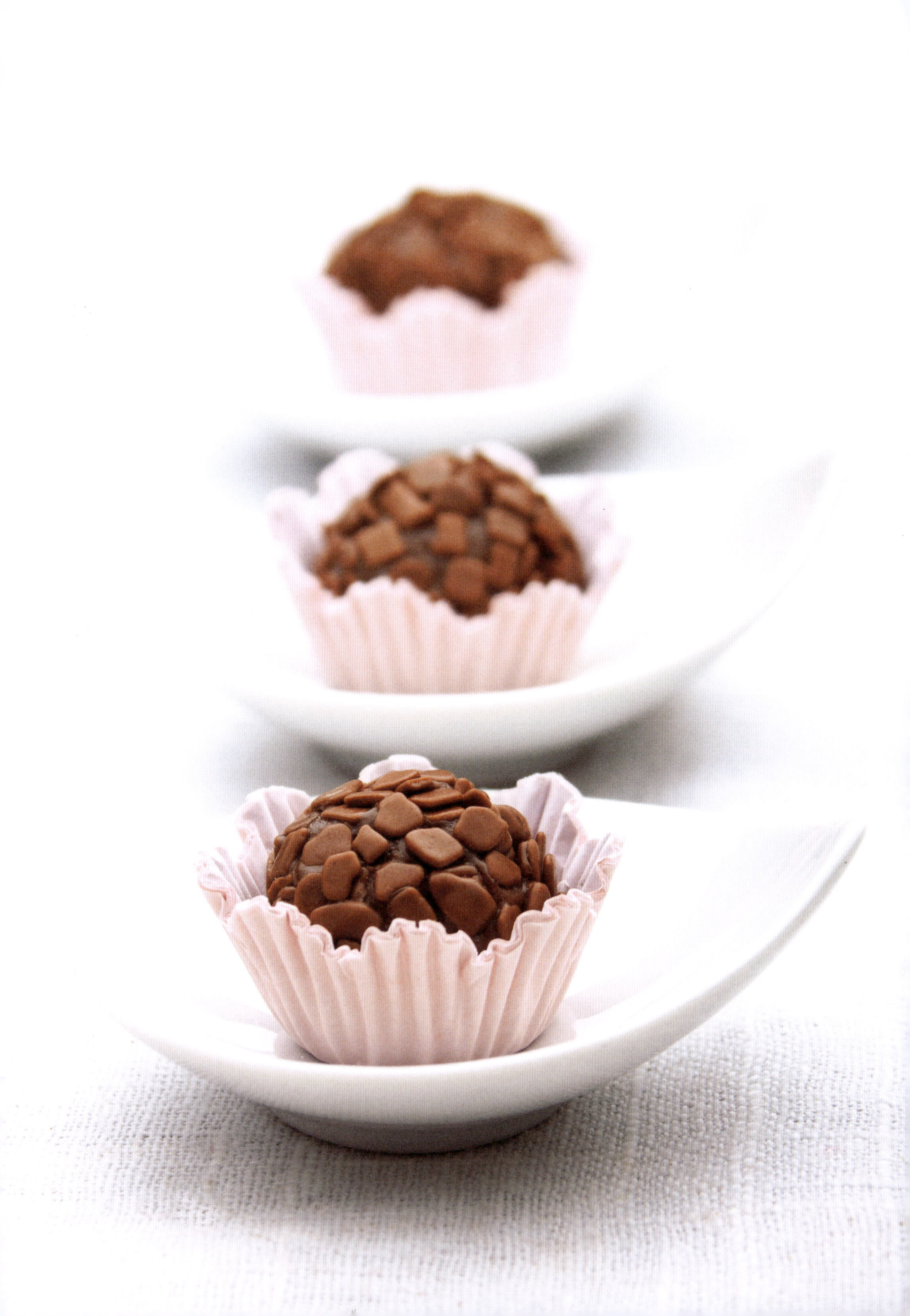

# Dicas para um brigadeiro *gourmet* perfeito

* Invista na melhor marca de leite condensado. A diferença de textura e sabor entre as disponíveis no mercado é gritante e a diferença de preços é pequena.
* Para ser considerado *gourmet*, use chocolate de ótima qualidade. Lembre também que a simples troca de chocolates (amargo por branco, por exemplo) mudará completamente o ponto do doce, por causa da menor presença ou ausência de porcentagem de sólidos de cacau, variando inclusive o tempo de cozimento.
* Sendo as medidas dadas em gramas, você pode fracionar ou dobrar a receita sem perder a qualidade final.
* Utilize panela de fundo grosso, para não queimar o brigadeiro.

## Se eu fosse você...

* ... só usaria chocolate amargo, para ter equilíbrio de sabores. Não se preocupe, o brigadeiro continuará doce, mas não saturado.
* ... adicionaria creme de leite em qualquer massa básica de brigadeiro. Ele evita a típica cristalização vista nos brigadeiros no dia seguinte.
* ... só envolveria os brigadeiros *gourmet* em *splits* belgas, raspas de chocolate ou outro acabamento feito com chocolate puro (como *crispy pearls* ou *blossoms*). Os granulados comuns são feitos com açúcar, gordura vegetal hidrogenada, cacau em pó e lecitina de soja.
* ... só bolearia o brigadeiro com as mãos untadas em manteiga sem sal. O sabor da margarina é insosso se comparado ao da manteiga. Alguns boleiam o brigadeiro com água passada nas mãos. É um método muito eficiente e econômico, mas para brigadeiro envolto em granulado. O *split* é chocolate belga puro e o contato com a água pode fazê-lo perder o brilho e até embranquecer.
* ... faria variações, rolando a massa básica de brigadeiro em lâminas de amêndoas, de pistaches (sem sal) ou em confeitos variados, enriquecendo assim o visual e dando um show de texturas e sabores.

### Ponto certo de uma massa de brigadeiro

O ponto correto do brigadeiro *gourmet* é quando partes da massa começam a se desprender do fundo da panela, formando "veios". Caso esteja em dúvida em relação ao ponto, desligue o fogo, coloque uma porção em um pires untado com manteiga e leve ao freezer por cinco a sete minutos. Passado esse tempo, se você bolear com facilidade, perfeito! A massa está no ponto! Se a massa grudar muito nas mãos ou estiver muito mole, é necessário voltar ao fogo baixo por mais alguns minutos. Mas, se ele ficou muito duro e semelhante a um *toffee* na mordida, é certo que você extrapolou no tempo de cozimento. Corrija adicionando algumas colheres de leite e volte ao fogo baixo, até obter o ponto correto.

### Brigadeiro de colher

Para fazer o brigadeiro de colher, siga a mesma receita e instruções, porém anteceda o momento de retirar a massa do fogo. O ponto ideal é o de mingau ralo. Após esfriar completamente, você pode pôr a massa em copinhos ou potinhos fechados.

### Brigadeiros com sabor

Para dar um saborzinho cítrico, mentolado ou de castanhas no seu brigadeiro, prefira bala triturada, pó ou pasta a sucos naturais de fruta, para não comprometer o ponto e a vida de prateleira do doce. Encontramos vários sabores de pós e pastas nacionais (pistache, limão, caramelo, maracujá) voltados para a confecção de sorvetes. Para um resultado de excelente qualidade e primor no sabor, prefira os produtos italianos vendidos em lojas especializadas em confeitaria.

# Brigadeiro *gourmet express*

A maioria das pessoas tem dificuldade em descobrir o ponto correto de um brigadeiro feito na panela. A seguir, uma boa e saborosíssima opção de brigadeiro feito a frio.

Nesta receita, peço doce de leite em ponto cremoso, cozido por trinta minutos na pressão*. Se exceder esse tempo e obtiver um ponto firme ou de corte, o sabor final do brigadeiro será alterado. Quanto maior o tempo de cozimento, mais pronunciado será o sabor de doce de leite e mais firme ficará o doce. Portanto, use doce de leite em ponto cremoso e clarinho. Desse modo, o chocolate amargo terá personalidade suficiente para ser o protagonista da história e o sabor do doce de leite passará despercebido.

*\* Em uma panela de pressão, cubra com água as latas de leite condensado, tampe e leve ao fogo alto. Após pegar pressão, abaixe o fogo e cozinhe por mais 30 minutos. Findo esse tempo, retire a pressão e abra a panela. Mergulhe as latas em água fria para brecar o cozimento.*

*Certifique-se de que as latas estejam totalmente frias antes de abri-las. A pressão da lata quente pode causar graves queimaduras!*

*Você pode aproveitar o espaço da panela para cozinhar até 4 latas. O tempo de cozimento é o mesmo para 1 ou 4 unidades.*

**Rendimento:**

Cerca de 50 unidades

**Ingredientes:**

* 200 g de chocolate amargo picado
* 15 g de manteiga
* 380 g de doce de leite em ponto cremoso
* 10 g de mel ou glicose de milho
* *Split* amargo belga

### Modo de fazer:

Derreta o chocolate junto com a manteiga em banho-maria ou na potência média do micro-ondas. Quando essa mistura estiver completamente lisa e homogênea, junte o doce de leite e misture bem. Adicione o mel ou a glicose de milho e envolva por completo, finalizando a massa.

Leve a mistura à geladeira por cerca de 30 minutos ou até obter ponto de bolear. Para bolear, passe manteiga nas mãos e faça bolinhas. Em seguida, passe no *split* e acomode em forminhas de brigadeiro.

### Utilizado:

Doce de leite caseiro cozido na panela de pressão por 30 minutos, chocolate meio amargo belga com 53,8% de sólidos de cacau, *split* amargo 9D belga.

*Outra opção deliciosa de acabamento é rolar o brigadeiro em uma mistura de nozes moídas e canela em pó.*

LOUCURAS DE CHOCOLATE * 127

# A minha versão de brigadeiro *gourmet*

O brigadeiro é um dos doces mais difíceis que existem na culinária brasileira. Silêncio polêmico...

Se aceitarmos os que açucaram, ficam molengos, dulcíssimos, secos e duros, tudo bem... concordo que seja um doce fácil.

Há brigadeiros e há os brigadeiros *gourmet*, que fazem sucesso em lojas especializadas pela cidade, com ingredientes selecionados.

O brigadeiro *gourmet* usa chocolate em barra *gourmet* em vez de chocolate em pó, manteiga em vez de margarina vegetal e *split* belga (granulado de chocolate puro belga) em vez dos granulados nacionais (feitos com açúcar, gordura vegetal hidrogenada, cacau em pó e lecitina de soja). Alguns segredos são essenciais para obter um brigadeiro perfeito. Depois de muitos testes e quilos a mais, segue a minha versão.

**Rendimento:**

Cerca de 50 unidades

**Ingredientes:**

* 395 g de leite condensado
* 25 g de manteiga sem sal
* 15 g de mel ou glicose de milho
* 20 g de cacau em pó
* 50 ml de creme de leite
* 100 g de chocolate amargo ou meio amargo picado
* *Split* ao leite belga

**Modo de fazer:**

Em uma panela de fundo grosso, misture o leite condensado, a manteiga, o mel e o cacau em pó. Leve ao fogo alto e misture sem parar até obter fervura completa. Abaixe o fogo e só então adicione o creme de leite e o chocolate picado. À medida que a massa encorpa, vá fazendo o teste do ponto do brigadeiro: incline a panela e, se partes da massa se desprenderem do fundo, permanecendo apenas uma fina película e o restante cair "em veios", a sua massa está no ponto.

Desligue o fogo, verta a massa de brigadeiro em um prato untado com manteiga e deixe esfriar completamente. A massa estável e adormecida de um dia para outro na geladeira possui um ponto melhor para bolear. Unte as mãos com manteiga sem sal, faça bolinhas do tamanho desejado, passe no *split* e acomode nas forminhas previamente separadas.

**Utilizado:**

Manteiga em temperatura ambiente, creme de leite com 25% de gordura, cacau em pó, chocolate amargo com 50% de cacau, *split* ao leite 9D belga.

# Brigadeiro de limão siciliano

A ideia de utilizar suco natural de limão em massa de brigadeiro branco é tentadora, mas a acidez do limão pode render uma massa com textura coagulada, e acredite em mim quando digo que o suco do limão cozido não fica vibrante e tão bom como desejado.

Fiz um teste de sabor com um pó nacional de sorvete duvidando do bom resultado. Dei o braço a torcer. O pó, aliado às raspinhas de limão siciliano, produziu uma massa muito boa de brigadeiro de limão. Role em um granulado de qualidade, para melhor resultado.

**Rendimento:**

Cerca de 35 unidades

**Ingredientes:**

- 385 g de leite condensado
- 25 g de manteiga
- 15 g de mel
- 50 g de creme de leite
- 60 g de chocolate branco picado
- Raspas de 1 limão siciliano
- 20 g de pó de sorvete sabor limão

**Modo de fazer:**

Em uma panela de fundo grosso, misture o leite condensado, a manteiga e o mel. Leve ao fogo alto e misture sem parar até obter fervura completa. Abaixe o fogo e só então adicione o creme de leite, o chocolate picado, as raspas e o pó de limão. À medida que a massa encorpa, vá fazendo o teste do ponto do brigadeiro: incline a panela e, se a sua massa se desprender do fundo, caindo "em veios", está no ponto.

Desligue o fogo, verta a massa de brigadeiro em um prato untado com manteiga e deixe esfriar completamente. A massa estável e adormecida de um dia para outro na geladeira possui um ponto melhor para bolear. Unte as mãos com manteiga sem sal, faça bolinhas do tamanho desejado, passe em granulado branco ou em bolinhas crocantes e acomode nas forminhas previamente separadas.

**Utilizado:**

Manteiga em temperatura ambiente, creme de leite UHT com 25% de gordura, pó de sorvete italiano e *crispy pearl* branco belga.

*Se preferir, você pode dar sabor à sua massa de brigadeiro branco usando suco em pó no lugar do pó de sorvete.*

# Tacinha com bicho de pé

Dificilmente encontramos nas lojas as forminhas de chocolate com os formatos desejados, não é mesmo? Por esse motivo, tento evitar o uso de formas muito diferentes neste livro, para que você tenha vontade de executar as receitas trazidas aqui.

Novamente, partindo do formato de bombom mais simples do universo, você produz lindas tacinhas que podem ser recheadas com os mais diversos tipos de recheio. Cocada mole, musse de chocolate, fios de ovos... bicho de pé cremoso!

Não sou fã ardorosa do doce, mas, quando falamos de bichos de pé, posso assegurar que este ficou com sabor forte de morango e agradará bastante a criançada.

**Rendimento:**

Aproximadamente 15 tacinhas

**Ingredientes:**

*Bicho de pé:*

* 395 g de leite condensado
* 15 g de manteiga
* 50 g de creme de leite
* 60 g de chocolate branco picadinho
* 20 g de pó de sorvete sabor morango

*Corpo da tacinha:*

* 500 g de chocolate meio amargo

*Base da tacinha:*

* 50 g de chocolate meio amargo

**Materiais:**

3 formas de PVC com 6 cavidades para bombons com tamanho de 40 g

Papel-manteiga ou celofane

Saco de confeiteiro com bico perlê redondo ou pitanga (se necessário)

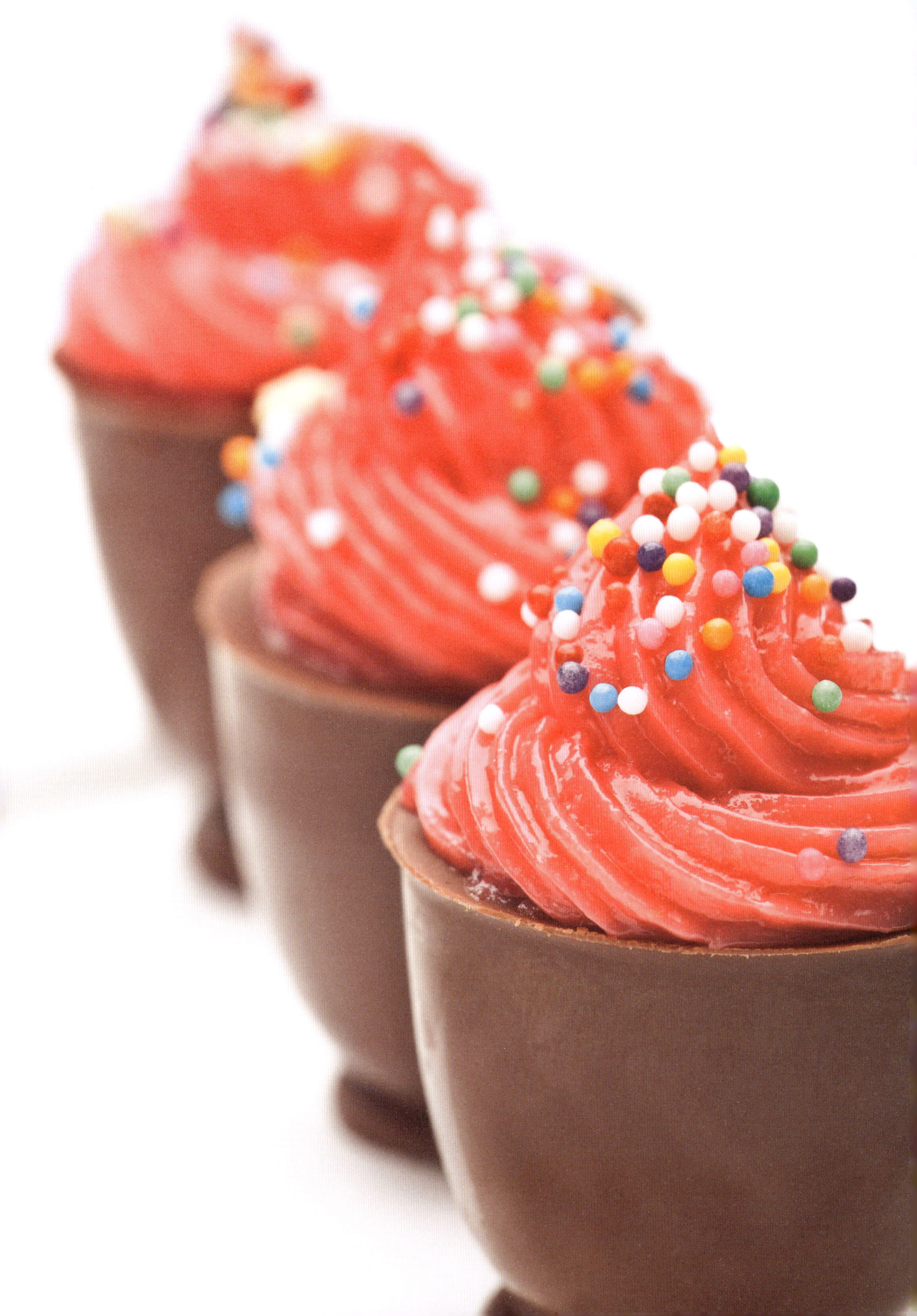

**Modo de fazer:**

*Bicho de pé:*

Em uma panela de fundo grosso, junte o leite condensado e a manteiga e leve ao fogo até obter fervura, mexendo constantemente. Abaixe o fogo e adicione o restante dos ingredientes. Misture até a massa começar a desgrudar do fundo da panela. Desligue o fogo e espere esfriar por completo. Reserve.

*Corpo da tacinha:*

Prepare o chocolate seguindo as instruções do capítulo "Tratamento de realeza", isto é, derreta em temperatura mediana e faça a temperagem apropriada. Com a ajuda de uma concha, preencha todas as cavidades da primeira forminha. Dê leves batidinhas para eliminar qualquer bolha de ar e volte o excesso do chocolate à tigela de chocolate. Raspe o excesso e leve para cristalizar na geladeira por cerca de 15 minutos. Repita esse processo com as demais forminhas. Passado esse tempo de geladeira, o fundo da sua forminha deve estar com visual opaco, e a extração da casquinha da forma deve ser feita com facilidade.

*Base da tacinha:*

Forre as costas de uma assadeira grande com papel-manteiga ou celofane. Reserve.

Para fazer a base da tacinha, derreta o chocolate seguindo as instruções do capítulo "Tratamento de realeza", derretendo em temperatura mediana e fazendo a temperagem apropriada. Com uma colher (chá), pingue pequenas porções de chocolate de forma espaçada. Após 3 ou 4 minutos, quando as porções começarem a perder o brilho, posicione em cima a casquinha de bombom invertida, deixando a abertura virada para cima. A casquinha colada na base irá formar uma tacinha, que poderá receber qualquer tipo de recheio.

*Montagem:*

Recheie as cavidades com o bicho de pé frio. Você pode rechear com uma colher ou dispor o recheio dentro de um saco de confeiteiro com bico perlê redondo ou pitanga para auxiliar no posicionamento. Decore a gosto.

**Utilizado:**

Chocolate de cobertura nacional, pó de sorvete nacional sabor morango, creme de leite UHT com 25% de gordura.

# Choco pop de brigadeiro

O *choco pop* difere do *cake pop* por utilizar recheios firmes de *ganache* em vez de bolos. É banhado em chocolate e pode receber várias opções de decoração, como flocos de coco, castanhas trituradas, confeitos de açúcar, arabescos de chocolate e granulados, enriquecendo o visual de uma mesa de doces. Aqui apresento uma versão do brigadeiro, coberto com chocolate e decorado com granulado belga. Se embrulhado em celofane transparente e finalizado com um lacinho de fita, vira um adorável suvenir.

**Rendimento:**

Cerca de 50 bolinhas de 15 g

**Ingredientes:**

*Base:*

* 450 g de chocolate ao leite picado
* 395 g de leite condensado
* 50 g de manteiga sem sal

*Cobertura:*

* 450 g de chocolate meio amargo picado
* *Split* belga ou granulado de chocolate

**Materiais:**

Palitos de pirulito

Superfície forrada com papel-manteiga

**Modo de fazer:**

*Base:*

Derreta o chocolate no banho-maria ou na potência média do micro-ondas por cerca de 3 minutos ou até que esteja derretido. Adicione o leite condensado e a manteiga derretida e misture bem.

Leve à geladeira por cerca de 40 minutos, até obter ponto de bolear. Faça bolinhas de cerca de 3 centímetros de diâmetro. Espete um palito de pirulito e deixe na geladeira por cerca de 30 minutos ou até firmar.

*Cobertura:*

Prepare o chocolate seguindo as instruções do capítulo "Tratamento de realeza", isto é, derreta em temperatura mediana e faça a temperagem apropriada.

Banhe os pirulitos de brigadeiro, deixe escorrer o excesso de chocolate e envolva a bolinha no granulado. Disponha em uma superfície forrada com papel-manteiga e leve à geladeira por 5 minutos para finalizar a cristalização.

**Utilizado:**

Chocolate de cobertura nacional meio amargo e *split* amargo 9D belga.

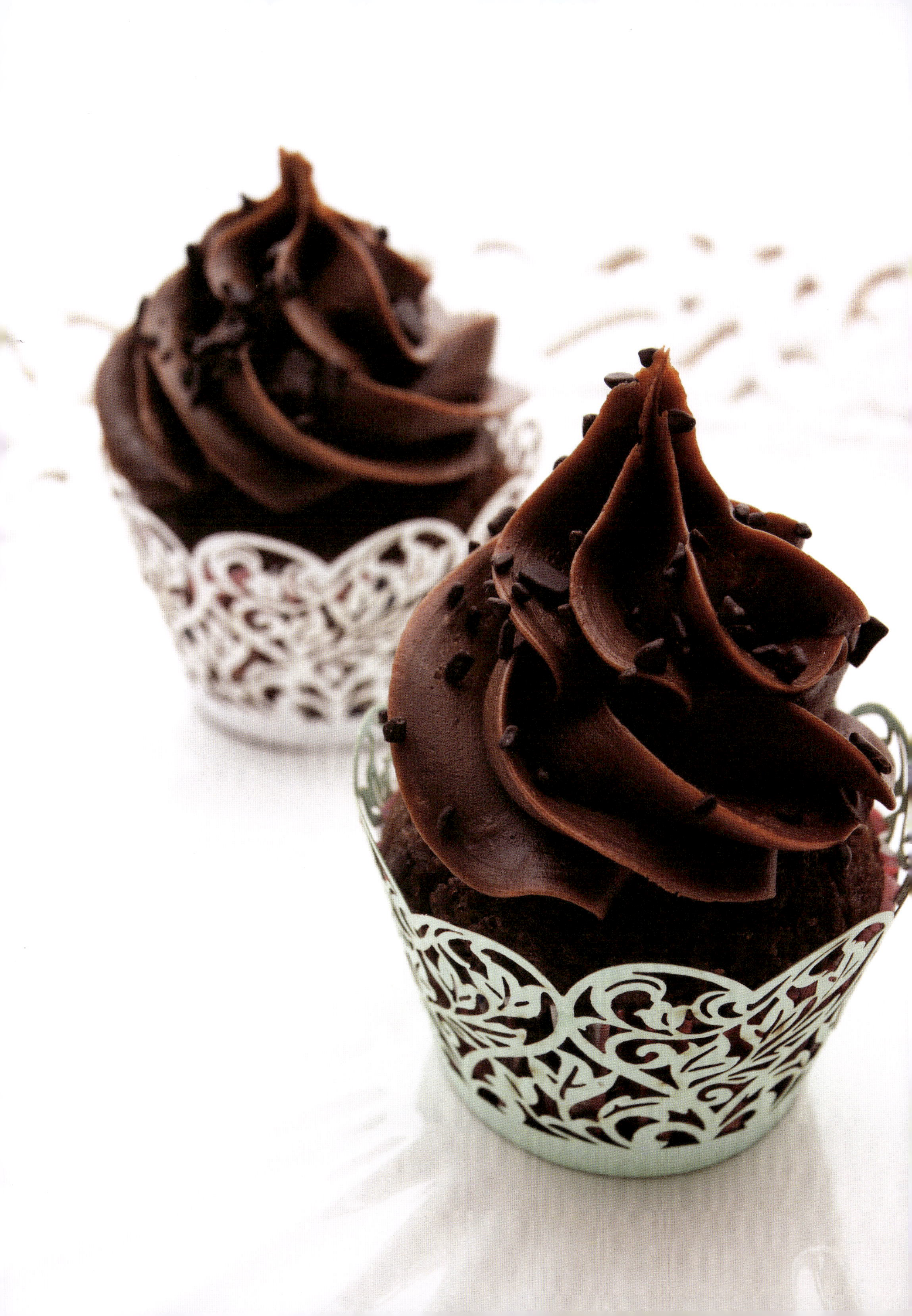

# Dicas para *cupcakes* perfeitos

* Se possível, invista em um termômetro de forno.

* Peneire todos os ingredientes e garanta que estejam em temperatura ambiente.

* Não misture muito a massa.

* Utilize formas próprias de *cupcakes* para assar os seus bolinhos. Você pode optar pelos tamanhos pequeno, médio e grande. Forre cada cavidade com uma forminha de papel própria para *cupcake*. Se você não dispuser de formas próprias, uma opção é usar formas de empada forradas com forminhas, apoiadas sobre uma assadeira. No entanto, o formato ficará levemente diferente e mais aberto que os produzidos em forminhas próprias.

* Não é preciso untar, pois geralmente as massas de *cupcake* levam boa quantidade de manteiga.

* Se você deseja comercializar os seus bolinhos, pese cada porção de massa na forminha para obter padronização nos tamanhos e cozimento uniforme. Outra ideia é encontrar uma colher medida (exemplo: colher de sorvete), para que todos tenham a mesma quantidade de massa. A quantidade ideal seria cerca de ¾ da capacidade da forminha. Particularmente, gosto do bolinho levemente bojudo.

* Disponha a massa crua em um saco de confeiteiro com bico perlê redondo para distribuir a massa nas forminhas. Assim, você não corre o risco de melar as bordas das forminhas de papel, como acontece quando colocado às colheradas.

* Para verificar se o bolo está assado, espete um palito de dentes e observe se ele sai seco.

* Após retirar os bolinhos do forno, disponha-os sobre uma grade e cubra com um pano de prato limpo, para não ressecar.

* Apesar de os bolinhos assados poderem ser congelados por até três meses, o sabor e o visual do *cupcake* fresco é inigualável.

* Escolha uma cobertura que não derreta com facilidade e que não mele muito no transporte.

* Decore com *cupcakes wrappers* (adorno que reveste o bolinho pronto) e *toppers* (enfeites que são espetados no *cupcake*) para uma decoração rica.

# *Cupcake* de baunilha com *ganache* rosa

Estamos vivendo uma época de grande furor em relação aos *cupcakes*. Seu formato lúdico, mimoso e o visual colorido chamam a atenção de quem passa pelas vitrines das lojas especializadas.

As proporções de uma *ganache* branca ou colorida são totalmente diferentes de uma *ganache* ao leite ou com meio amargo. A queixa da maioria das pessoas em relação à *ganache* branca é que ela desanda... O chocolate branco não tem poder de firmeza devido à ausência de sólidos de cacau. Além disso, a porcentagem de gordura do creme de leite usado vai influenciar diretamente na textura final. Para entender melhor, leia os tópicos "*Ganache*" e "Creme de leite" no capítulo "Tipos de chocolate", na página 30.

**Rendimento:**

24 *cupcakes* pequenos ou 12 grandes

**Ingredientes:**

*Bolo:*
* 150 g de farinha de trigo
* 15 g de fermento em pó
* 150 g de manteiga derretida
* 150 g de açúcar refinado
* 100 ml de água quente
* 2 ovos (extra) batidos
* Extrato ou pasta de baunilha a gosto

*Ganache rosa:*
* 500 g de chocolate branco picado
* 140 g de creme de leite
* 2 gotinhas de corante líquido rosa

**Materiais:**

Assadeira própria para *cupcake*

Formas de papel para *cupcake*

Saco de confeiteiro com o bico médio estrela ou pitanga

**Modo de fazer:**

*Bolo:*

Preaqueça o forno a 180 °C.

Forre uma assadeira própria de *cupcake* com forminhas de papel em suas cavidades.

Peneire em uma tigela a farinha de trigo e o fermento e reserve.

Em outra tigela, junte a manteiga e o açúcar e misture bem com um *fouet*, até obter um creme amarelado. Junte a água quente, os ovos, a baunilha e em seguida os ingredientes secos peneirados. Misture bem até obter uma massa homogênea e sem grumos.

Encha as forminhas até preencher cerca de ¾ de sua capacidade. Leve para assar em forno preaquecido por cerca de 15 minutos ou até que, ao espetar um palito, ele saia seco.

*Ganache rosa:*

Derreta o chocolate no banho-maria ou na potência média do micro-ondas por cerca de 3 minutos ou até que esteja derretido. Adicione o creme de leite e misture até obter uma *ganache* lisa e livre de grumos. Adicione o corante até obter o tom desejado.

Deixe cristalizar por cerca de 20 minutos na geladeira ou até firmar. Passado esse tempo, disponha a *ganache* no saco de confeiteiro com o bico médio estrela ou pitanga e decore o *cupcake* a gosto.

**Utilizado:**

Forma de *cupcake* pequena (boca com diâmetro de 5 centímetros) com capacidade para 24 unidades, forminhas para *muffin*, barra de chocolate branco nacional, creme de leite com 25% de gordura, chumbinho prata grande e pequeno.

*Esta ganache deverá ficar durinha por fora e cremosa por dentro. Como se trata de um doce aberto, prefiro esta às ganaches extremamente cremosas que melam durante o transporte.*

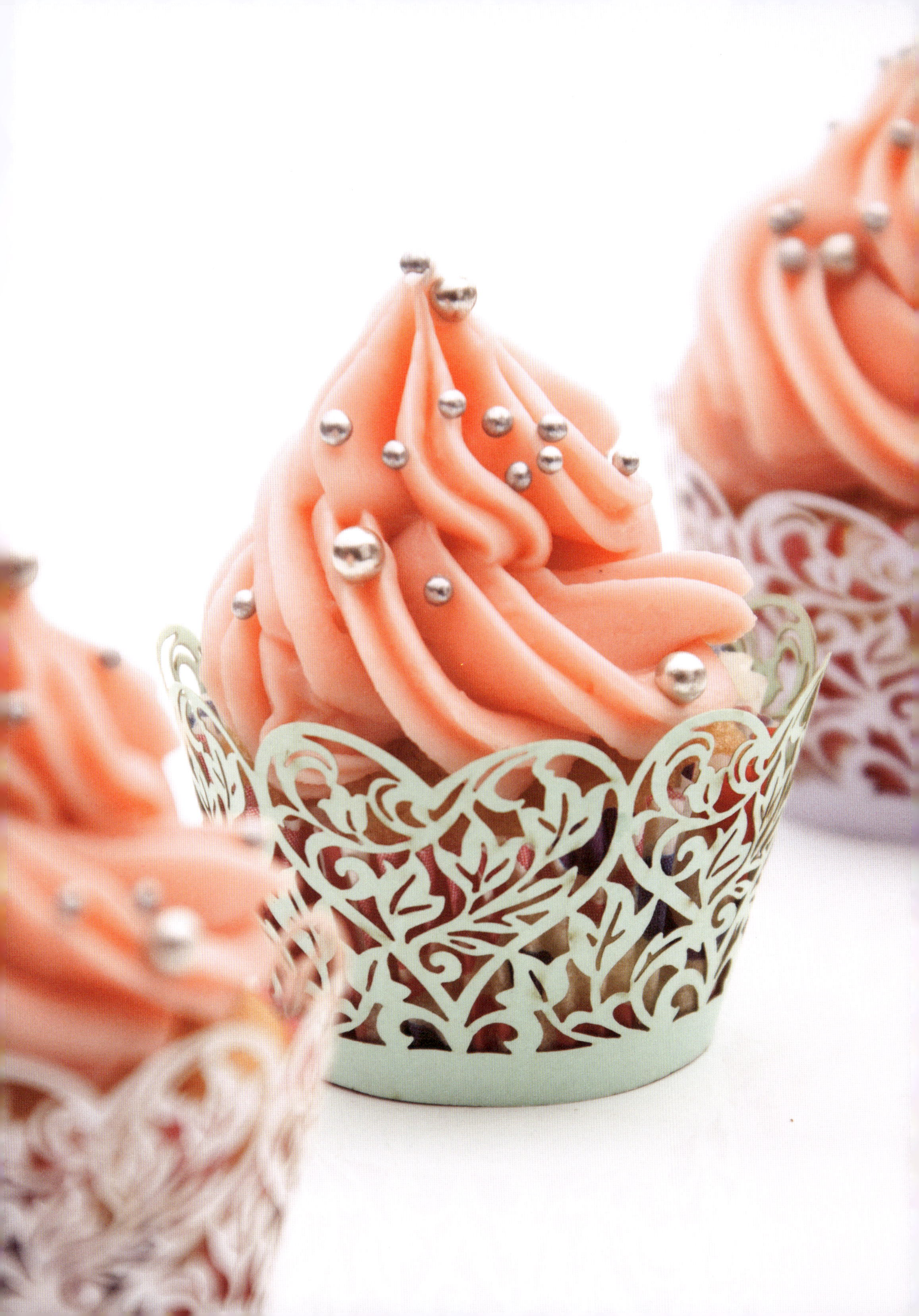

# *Cupcake* de chocolate

Os *cupcakes* são bolinhos de origem americana, assados individualmente, com ou sem recheio, recebem uma grande porção de cobertura e são decorados com confeitos variados. Apesar de os americanos terem um fraco pelas coberturas com base de manteiga – *buttercream* –, a maioria dos brasileiros tem preferência pela cobertura de *ganache*, feita a partir da união do chocolate com o creme de leite.

Em geral as docerias comercializam o tamanho grande, mas prefiro o mini, do tamanho de duas bocadas e com uma boa proporção de massa e cobertura.

**Rendimento:**

24 *cupcakes* pequenos ou 12 grandes

**Ingredientes:**

*Bolo:*

* 150 g de farinha de trigo
* 20 g de cacau em pó
* 15 g de fermento em pó
* 150 g de açúcar refinado
* 150 g de manteiga derretida
* 100 g de água quente
* 1 colher (chá) de café solúvel
* 2 ovos (extra) batidos

*Ganache de chocolate:*

* 450 g de chocolate ao leite picado
* 180 g de creme de leite
* Confeitos diversos

**Materiais:**

Assadeira própria para *cupcake*

Formas de papel para *cupcake*

Saco de confeiteiro com bico estrela médio

**Modo de fazer:**

*Bolo:*

Preaqueça o forno a 180 °C.

Forre uma assadeira própria de *cupcake* com forminhas de papel em suas cavidades.

Peneire e misture em uma tigela os seguintes ingredientes secos: a farinha de trigo, o cacau e o fermento. Reserve.

Em outra tigela, junte a manteiga e o açúcar e misture bem com um *fouet*, até obter um creme amarelado. Junte a água quente, o café, os ovos e os ingredientes secos peneirados.

Encha as forminhas até preencher cerca de ¾ de sua capacidade. Leve para assar por cerca de 15 minutos, ou até que, ao espetar um palito, ele saia seco.

*Ganache de chocolate:*

Derreta o chocolate no banho-maria ou na potência média do micro-ondas por cerca de 3 minutos ou até que esteja derretido. Adicione o creme de leite e misture até obter uma *ganache* lisa e livre de grumos. Deixe cristalizar por cerca de 20 minutos na geladeira ou até firmar. Passado esse tempo, disponha a *ganache* no saco de confeiteiro com o bico estrela médio e decore o *cupcake* a gosto. Espalhe os confeitos em seguida.

**Utilizado:**

Forma de *cupcake* pequeno (boca com 5 centímetros de diâmetro) com capacidade para 24 unidades, forminhas de papel para *muffin*, chocolate de cobertura ao leite nacional, creme de leite com 25% de gordura e *split* amargo 9D belga.

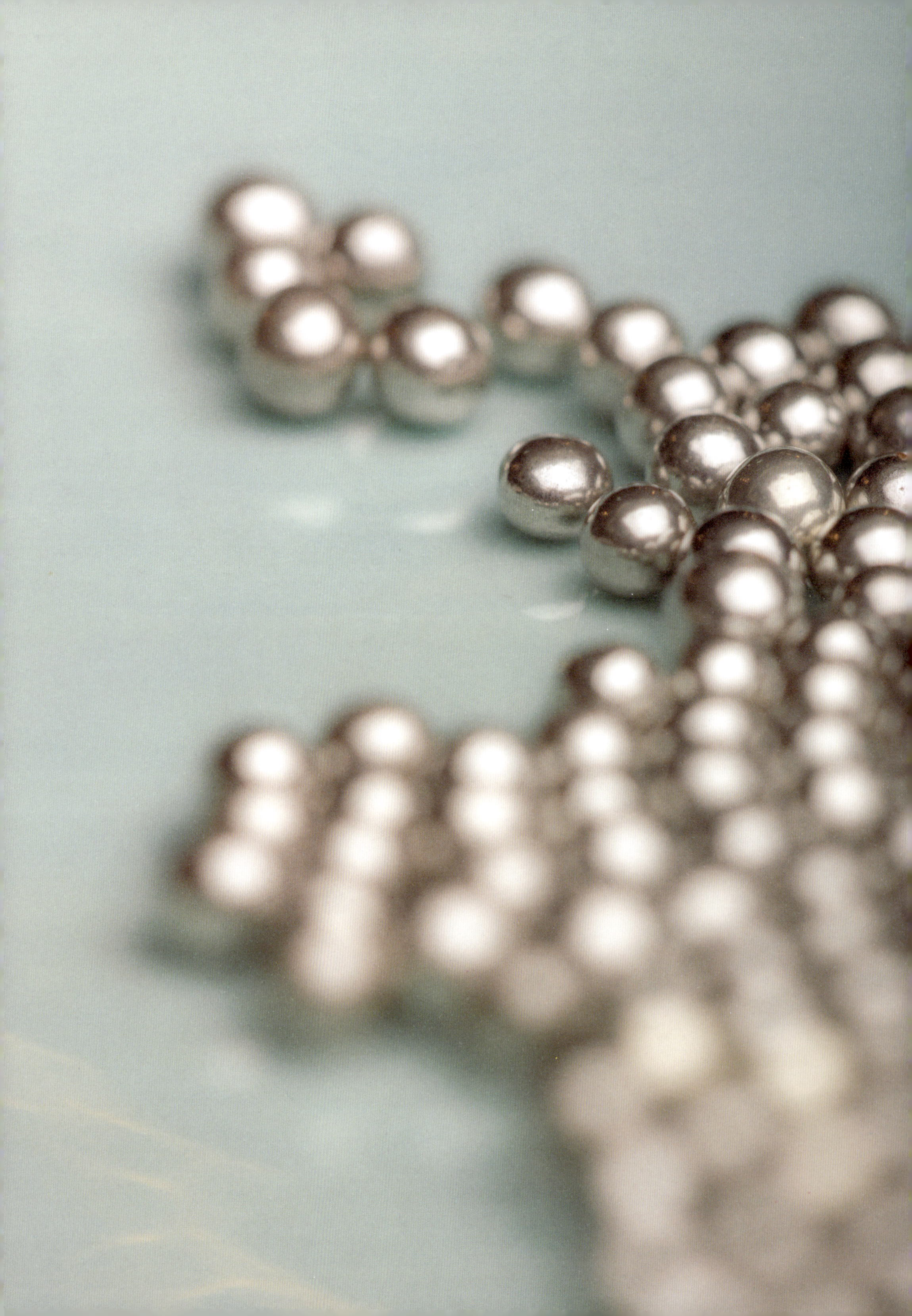

# Decoração do chocolate

Se você deseja fazer um bombom caprichado para presentear alguém especial, conheça os seguintes recursos decorativos que transformam um chocolate simples em um "Oh, que obra de arte!".

## Transfer para chocolate

O *transfer* para chocolate proporciona um dos efeitos mais bonitos no mundo do chocolate. A textura do *transfer* é basicamente uma misturinha envolvendo manteiga de cacau, corante e chocolate branco, aplicada sobre uma folha de acetato transparente. Vemos uma infinidade de estampas disponíveis no mercado, que possibilitam fazer bombons personalizados com motivos de Páscoa, Natal, aniversários, casamentos e afins.

Para usar o *transfer*, corte a folha no tamanho desejado com uma tesoura de uso culinário, estilete ou bisturi, com extremo cuidado para não estragar a delicada textura comestível. O lado da textura necessariamente precisa estar em contato direto com a superfície úmida do chocolate, para que o *transfer* passe do acetato para o chocolate durante a cristalização.

O modo mais fácil de aplicar um *transfer* é diretamente sobre uma base recém-banhada em chocolate temperado. Sobre a superfície do chocolate ainda úmida, deite o *transfer* de chocolate, dando leves batidinhas para uma aderência homogênea. Leve à geladeira por cerca de dez minutos. Depois, retire a película de acetato, restando apenas o desenho no bombom.

É preciso técnica e prática para um resultado perfeito.

## Pó

Os pós comestíveis proporcionam um brilho especial ao confeito pronto. Você pode pincelar o pó sobre o chocolate para um brilho delicado ou, se deseja um efeito marcante, adicionar álcool de cereais e transformá-lo em um gel. Encontramos com facilidade os pós comestíveis nos tons prata, dourado e nacarado.

## Chocolate colorido

O chocolate colorido é obtido com a adição de corantes em uma base de chocolate branco. Os corantes são próprios para chocolate, possuem base de gordura ou óleo, diferentemente dos corantes alimentícios para uso em geral, que possuem base de água. Eles são encontrados em lojas de produtos especializados em confeitaria em líquido, pó ou pasta.

A maioria dos corantes pode ser adicionada direto ao chocolate ou misturada previamente na manteiga de cacau, para que se dissolva por completo.

O chocolate colorido temperado pode ser disposto em um envelope de celofane transparente. Corte uma pontinha de cerca de dois milímetros e faça traços para testar a espessura. Assim, você pode enfeitar confeitos prontos com o que a sua imaginação permitir.

# Tabletes de chocolate

Apesar de serem simples tabletes de chocolate, alto lá. Estes, meu caro, possuem o seu charme graças a um recurso decorativo que transforma o simples em puro luxo.

As folhas de *transfer* podem ser recortadas no tamanho desejado e aplicadas "nas costas" das barrinhas durante a sua modelagem. Suas infinitas padronagens possibilitam combinar tranquilamente o tablete com a decoração do seu evento.

**Rendimento:**

5 tabletes de 70 g

**Ingredientes:**

* 380 g de chocolate à sua escolha picado

**Material:**

Folhas de *transfer* com diferentes estampas

**Modo de fazer:**

Recorte as folhas de *transfer* no tamanho do fundo de sua forma de tablete de chocolate. Você pode usar uma tesoura de uso culinário ou um estilete. Maneje com extremo cuidado. Prepare o chocolate seguindo as instruções do capítulo "Tratamento de realeza", isto é, derreta em temperatura mediana e faça a temperagem apropriada. Cole a folha de *transfer* no fundo da forma com um pouquinho de chocolate, tomando o cuidado para que a textura fique voltada para cima. Com uma concha, despeje o chocolate na cavidade e dê leves batidinhas para eliminar o ar. Limpe o excesso de chocolate e leve à geladeira por cerca de 15 minutos. Passado esse tempo, desenforme e descarte a película de acetato. Embrulhe a gosto.

**Utilizado:**

Chocolate de cobertura nacional e *transfers* variados para chocolate.

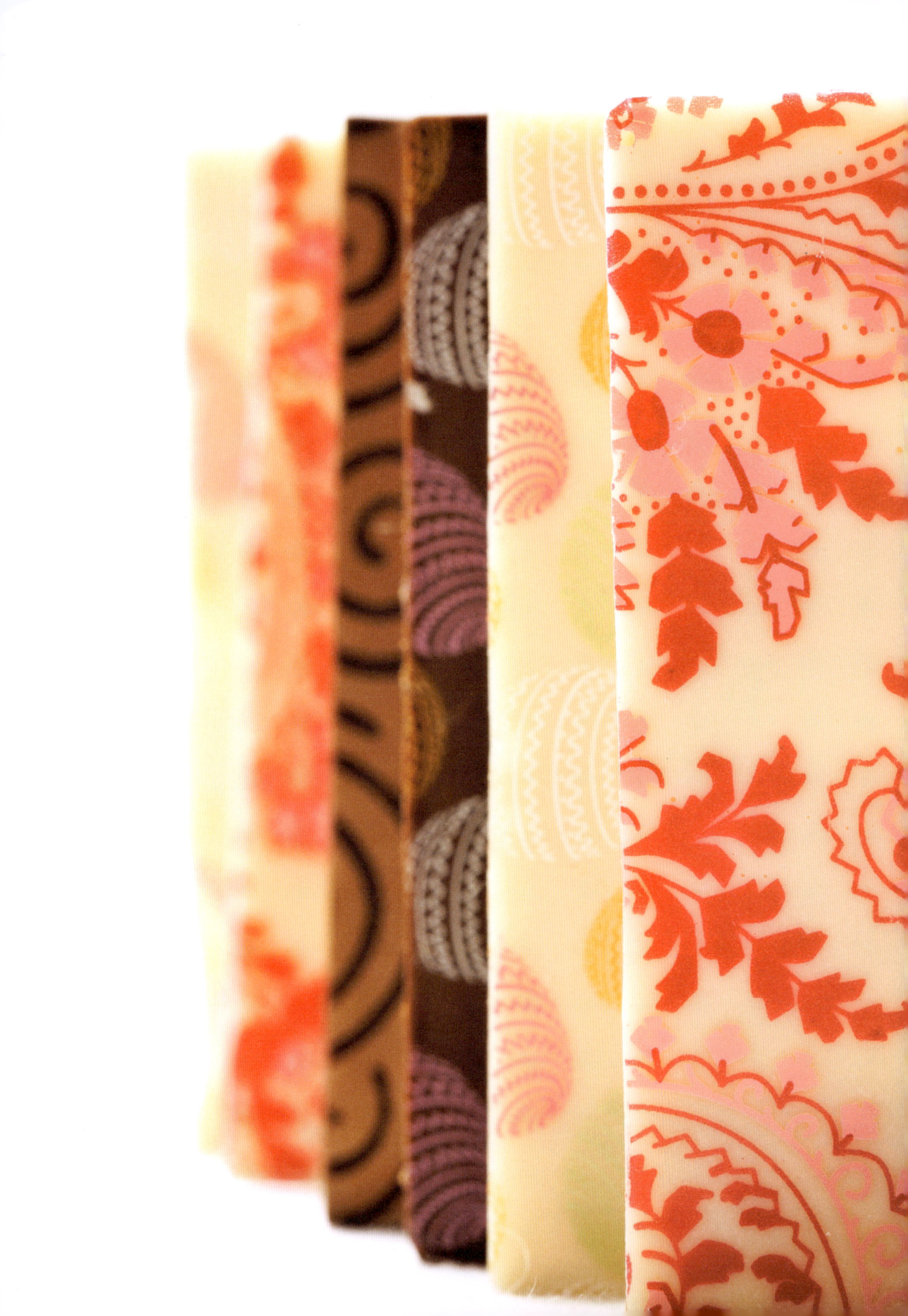

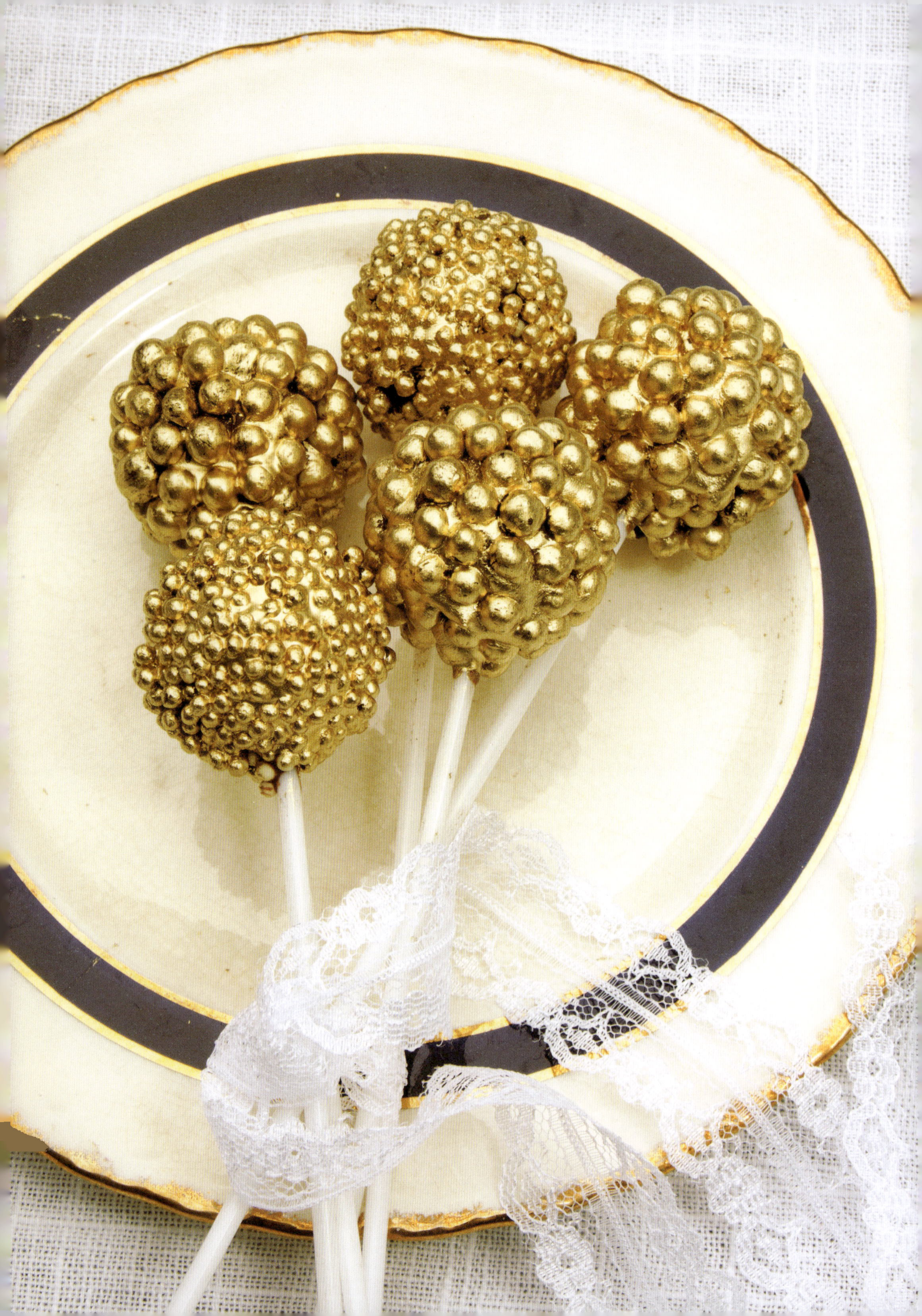

# Cake pop dourado

*Cake pops* são pequenas esculturas comestíveis. A base da massa é obtida com a mistura de bolo simples (panetone ou colomba pascal), triturado e uma colinha do tipo doce de leite, *cream cheese*, brigadeiro mole etc., até obter ponto de bolear. Em geral, modelamos bolinhas que são espetadas em um palito e mergulhadas em chocolate. É uma ótima opção de suvenir ou de decoração, se for espetada em cachepôs.

Preparei uma sugestão de *cake pops* feitos com a massa do bolo nega maluca triturada e doce de leite. Espetei bolinhas no palito, banhei no chocolate temperado e cobri com bolinhas crocantes de arroz. Ideal para festas infantis! No caso de um jantar para adultos, aplique uma pincelada de gel dourado comestível.

**Rendimento:**

Aproximadamente 40 *cake pops*

**Ingredientes:**

*Base:*

* Meia receita de nega maluca assada e triturada (página 181)
* 160 g de doce de leite cremoso ou o suficiente para obter ponto para bolear
* 100 g de chocolate branco

*Cobertura:*

* 500 g de chocolate branco
* *Crispy pearls* branco ou crocantes de arroz cobertos com chocolate
* Gel dourado comestível (vendido em lojas de produtos de confeitaria)

**Material:**

Base de isopor

Palitos de pirulito

**Modo de fazer:**

*Base:*

Esfarele o bolo frio com um garfo ou bata no processador. Adicione doce de leite até obter ponto para bolear com facilidade. A quantidade de doce de leite vai variar de acordo com o tipo de bolo utilizado como base. Faça bolinhas de cerca de 10 gramas e as mantenha na geladeira.

Prepare o chocolate branco seguindo as instruções do capítulo "Tratamento de realeza", isto é, derreta em temperatura mediana e faça a temperagem apropriada.

Mergulhe a pontinha de um palito de pirulito no chocolate e, logo em seguida, espete na bolinha refrigerada. Mantenha as bolinhas na geladeira até o momento de banhar.

*Cobertura:*

Derreta o chocolate seguindo as instruções do capítulo "Tratamento de realeza", derretendo em temperatura mediana e fazendo a temperagem apropriada. Coloque o chocolate em um copo fundo, para que você tenha conforto na hora da imersão do pirulito.

Prepare uma base de isopor ou qualquer outro material que possibilite espetar o *cake pop* de pé.

Segurando pelo palito, banhe as bolinhas, dando leves batidinhas para escorrer o excesso. Imediatamente grude delicadamente as bolinhas crocantes ao redor do *cake pop*. Espete no isopor e deixe secar por completo. Uma vez cristalizado, você pode pintar a superfície das bolinhas com gel dourado comestível e um pincel de uso culinário.

**Utilizado:**

Doce de leite cozido na pressão por 30 minutos, chocolate branco nacional, *crispy pearls* branco belga e gel dourado comestível nacional.

# Tacinha com cocada de maracujá

Uma pequena tacinha individual que finaliza elegantemente uma recepção. Sua confecção pode parecer brincadeira de criança, mas não se engane. O chocolate deve estar perfeitamente temperado, e você precisa ter mãos leves para preparar esta tacinha. Se a bexiga utilizada for a de tamanho zero, uma camada de chocolate já é suficiente para receber o recheio desejado.

Essa tacinha pode receber os mais variados recheios: pudins, musses, sorvetes e o que a sua imaginação permitir. A escolha da vez é uma vistosa e deliciosa cocada de maracujá, que equilibra perfeitamente com a casquinha de chocolate meio amargo.

**Rendimento:**

Cerca de 20 tacinhas

**Ingredientes:**

*Cocada de maracujá:*

* 150 g de flocos de coco desidratados
* 395 g de leite condensado
* 50 ml de leite de coco
* 180 ml de suco de maracujá
* 100 ml de água
* 20 g de mel
* 50 g de açúcar

*Tacinha:*

* 450 g de chocolate meio amargo ou o seu preferido

**Modo de fazer:**

*Cocada de maracujá:*

Misture os flocos de coco desidratados, o leite condensado, o leite de coco e o suco de maracujá. Reserve.

Em uma panela, junte a água, o mel, o açúcar e leve ao fogo até obter fervura. Cozinhe em fervura por cerca de 5 minutos. Apague o fogo e adicione a mistura de coco. Misture bem e deixe esfriar completamente.

*Tacinha:*

Prepare o chocolate meio amargo seguindo as instruções do capítulo "Tratamento de realeza", isto é, derreta em temperatura mediana e faça a temperagem apropriada.

Coloque o chocolate meio amargo em um recipiente pequeno e fundo, que possibilite mergulhar a bexiga com conforto. Siga as instruções no texto "Tacinhas, copinhos e tulipas" do capítulo "Dando forma ao chocolate", na página 23. Recheie as tacinhas com a cocada.

**Utilizado:**

Chocolate ao leite nacional, flocos de coco desidratados e suco de maracujá industrializado.

The Golden Book of CHOCOLATE — and Pietersen

Julie Andrieu — Chocolate

Les basiques chocolat

chocolat craquant

The New Taste of CHOCOLATE — Presilla — Revised

Chocolate Box

THE SWEET LIFE — KATE ZU...

CHOCOLATES AND CONFECTIONS AT HOME with THE CULINARY INSTITUTE OF AMERICA — GREWELING

Lebovitz — Ready for Dessert

...olate DECORATIONS — Jean-Pierre Wybauw

O Doce Brasileiro

# Livros

Sou apaixonada por livros de culinária. O meu ensino técnico sobre a chocolateria e noções de confeitaria foram dados em sua maior parte por pesquisas feitas em livros.

Os mais desgastados são os que possuem naturalmente maior valor teórico ou afetivo, porém outros me encantam tanto pela bela fotografia como por uma inusitada abordagem na cozinha. Enfim, livros são como joias para mim e sou um pavão orgulhoso quando avisto os volumes coloridos de tamanhos variados dispostos na minha prateleira.

Grande parte da minha biblioteca são obviamente livros que abordam o assunto chocolate. A maioria deles foi adquirida em viagens ou recebida com um abraço e um sorriso largo de satisfação. Acho interessantíssimo como os autores colaboram com abordagens diferentes sobre o mesmo assunto. Alguns enfatizam a história do chocolate e os diferentes tipos de cacau, outros priorizam o lado *comfort* e desejado do chocolate por meio de receitas gordas, os meus queridos livros técnicos apresentam a confecção do chocolate e suas inúmeras técnicas de modelagem, e ainda temos os livros que abordam o chocolate como expressão de arte por meio de loucas esculturas colossais comestíveis.

Adoro também tecnologia. Sou aficionada por internet. Faço muitas pesquisas sites afora, mas ter ao meu lado um velho e bom livro ou um surrado caderno de receitas de família para uma eventual consulta me faz uma pessoa mais feliz. Diferentemente do ambiente virtual, estes possuem histórias, cheiros, manchas e a agradável textura do toque do papel.

Minha mãe tem um caderno de receitas muito velho, mas tão velho que parece ter vida própria. Poderia muito bem sair andando por aí. Muitas folhas estão soltas, a capa está descascada, anotações escritas à caneta esmaecidas com o tempo e páginas amareladas. Esse caderno é um legado único que retrata uma vida dinâmica na cozinha. Rabiscos de ajustes de ingredientes ou páginas mais desgastadas que outras são divertidos indicadores das receitas que fizeram mais sucesso em sua vida.

Meu caderno de receitas também dá seus sinais de cansaço. Uma interessante variação na caligrafia e muitos desenhos e rabiscos que resumem os processos. As páginas estão desgastadas e algumas, rasgadas...

Enfim, a grande beleza de cultivar uma coleção de livros ou cadernos de receitas é poder deixar um legado e parte de seus rastros para as gerações seguintes. É uma bela forma de perpetuar as traquinagens de uma pessoa em uma cozinha.

# *Semifreddo* de chocolate e cereja

Meus leitores sabem do meu amor e preferência escancarada pelos *semifreddos* aos sorvetes. Apesar de dispor de uma sorveteira elétrica, opto sempre pela praticidade desta receita batida apenas na batedeira. A sua cremosidade deliciosa e aveludada é capaz de apaziguar a larica por sorvetes de qualquer um.

Segue uma receita básica de *semifreddo* de chocolate. A partir dela você pode agregar cerejas e chocolates picados como sugerido na receita abaixo ou explorar outros sabores, como tentadoras castanhas carameladas, frutas vermelhas, *cookies* quebrados ou até mesmo bolotas de doce de leite. Seja feliz!

**Rendimento:**

Cerca de 1,4 kg

**Ingredientes:**

* 250 g de chocolate meio amargo picado
* 4 ovos (grande) batidos
* 170 g de açúcar
* 400 g de creme de leite fresco

*Sugestão de base:*

* 100 g de cerejas em calda escorridas
* 100 g de chocolate branco picado
* 100 g de chocolate meio amargo picado

### Modo de fazer:

Derreta o chocolate meio amargo em banho-maria ou no micro-ondas em potência média por cerca de 2min20s. Reserve.

Em uma tigela, junte os ovos e o açúcar, e, para cozinhar, coloque a tigela sobre uma panela com água fervente. Mexa de 4 a 5 minutos ou até a mistura ficar pálida e encorpada. Remova do fogo e bata na batedeira por 5 a 6 minutos, até esfriar. Junte o chocolate derretido e reserve.

Bata o creme de leite fresco até obter picos moles. Verta a mistura de ovos e chocolate e misture até agregar. Adicione as cerejas e os chocolates picados sobre a base do *semifreddo*. Misture delicadamente e leve ao freezer de 4 a 5 horas.

### Utilizado:

Creme de leite fresco com 35% de gordura, chocolates de cobertura nacionais.

# Semifreddo de chocolate branco, cardamomo e groselha

O *semifreddo* possui uma irresistível consistência de musse congelada. Feito com base de creme de leite fresco, é diferente dos sorvetes caseiros com base de leite (que possui grande porcentagem de água) e não forma os indesejados cristais de gelo. A ínfima quantidade de leite é utilizada apenas para fazer a infusão de cardamomo e fava de baunilha.

A geleia de frutas vermelhas coroa o *semifreddo* com um azedinho interessante. O efeito mesclado da geleia vermelha na base pálida do *semifreddo* proporciona um visual poético e delicado.

**Rendimento:**

Cerca de 1,4 kg

**Ingredientes:**

- 15 cardamomos levemente batidos com a ponta da faca
- 1 fava de baunilha ou 2 colheres (chá) de pasta de baunilha
- 120 ml de leite
- 300 g de chocolate branco
- 4 ovos (grande)
- 400 g de creme de leite fresco

*Base:*

- 300 g de geleia de groselha

> Se preferir, você pode substituir a geleia de groselha por uma de damasco, framboesa, amora, morango ou por castanhas carameladas quebradas. Puro luxo.

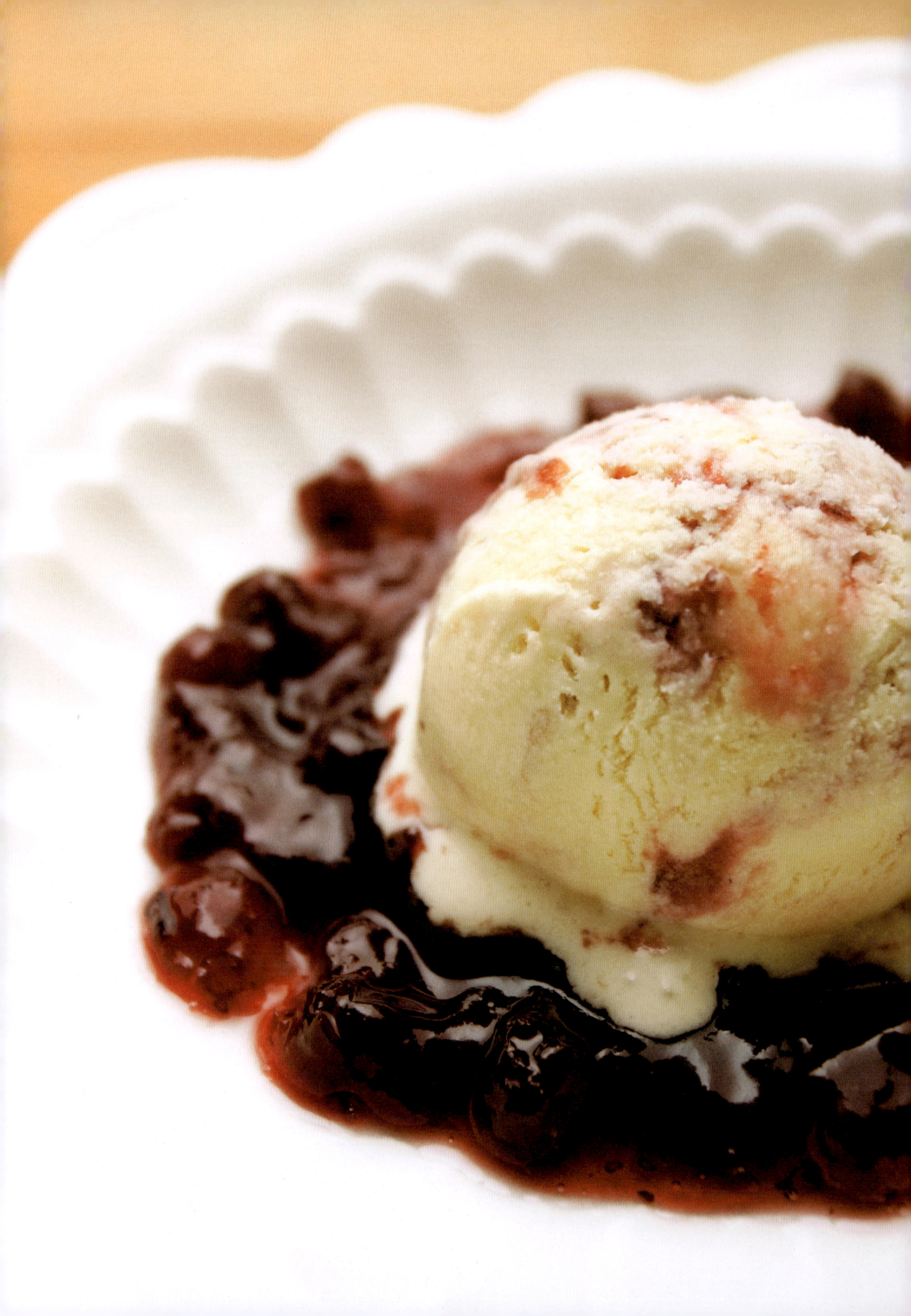

**Modo de fazer:**

Dê uma leve batidinha nos cardamomos com a ponta da faca. Abra a fava da baunilha e raspe as sementinhas. Disponha o cardamomo, as sementes e a fava da baunilha no leite. Leve para o fogo e, assim que ferver, desligue. Deixe em infusão até esfriar completamente. Depois de frio, coe o leite. Reserve.

Leve o chocolate branco ao banho-maria ou ao micro-ondas em potência média por cerca de 2min30s ou até que estejam derretidos. Reserve.

Em uma tigela, disponha os ovos e coloque sobre uma panela com água fervente. Mexa vigorosamente com um *fouet* de 4 a 5 minutos ou até os ovos batidos ficarem pálidos e encorpados. Retire do fogo, junte o leite aromatizado, o chocolate derretido e bata na batedeira de 5 a 6 minutos, até esfriar.

Bata o creme de leite fresco até obter picos moles. Verta a mistura de ovos e chocolate sobre o creme de leite batido. Misture delicadamente, disponha no recipiente em que será servido e leve ao freezer por 40 minutos a 1 hora. Passado esse tempo, observe se a mistura está levemente cristalizada. Adicione colheradas de geleia espaçadamente. Com o auxílio de uma faca de ponta pequena, faça movimentos aleatórios para mesclar a cor da base do *semifreddo* e a da geleia de groselha, resultando em um efeito marmorizado. Volte ao freezer por 4 a 5 horas.

**Utilizado:**

Creme de leite fresco com 35% de gordura, pasta de baunilha sul-africana e geleia de groselha sueca.

# *Tiramisù* no pote

O *tiramisù* é uma das receitas mais populares da Itália. Sua confecção, semelhante a um pavê, é relativamente simples e o resultado, fantástico.

Bolachas champanhe embebidas em café forte ganham visual escuro, sabor intenso e contrastam com as camadas claras, suaves e aeradas do creme feito à base de queijo *mascarpone*.

Segue uma adorável versão de *tiramisù* feito no pote. O creme foi feito com chantili mole e *cream cheese* (uma boa substituição ao queijo italiano), e aromatizado com raspas de limão e baunilha. A calda das bolachas recebeu um toque de licor de chocolate e o recheio, uma fartura de raspas de chocolate meio amargo. Já imaginou presentear lindos potes do doce no fim do ano? Eu quero!

*Para os práticos, use uma travessa retangular. Capriche na quantidade de cacau em pó e de raspas de chocolate!*

### Rendimento:

1 travessa de 20 X 30 cm

### Ingredientes:

*Creme:*

- 300 g de *cream cheese*
- Raspas de 1 limão
- 100 g de açúcar de confeiteiro
- 1 colher (chá) de pasta de baunilha
- 250 g de creme de leite fresco

*Calda:*

- 360 ml de café forte
- 20 ml de licor de chocolate

*Para a montagem:*

- 150 g de bolacha champanhe
- 180 g de chocolate meio amargo ralado
- Cacau em pó para polvilhar

### Modo de fazer:

*Creme:*

Bata o *cream cheese*, adicione as raspas de limão, o açúcar de confeiteiro e a baunilha. Reserve.

À parte, bata o creme de leite fresco até obter picos moles. Junte as duas misturas. Reserve.

*Calda:*

Misture o licor de chocolate no café pronto. Coloque em uma travessa alongada, para ter conforto na hora de banhar os biscoitos.

*Montagem:*

Mergulhe o biscoito champagne na calda. Forre o fundo da travessa escolhida com o biscoito embebido. Verta parte do creme até atingir a metade da capacidade da travessa e espalhe metade das raspas de chocolate. Faça mais uma camada de biscoitos embebidos, o restante do creme e finalize com uma camada generosa de cacau em pó. Decore com raspas de chocolate. Mantenha na geladeira até a hora de servir.

### Utilizado:

Chocolate de cobertura nacional meio amargo, limão siciliano e creme de leite fresco com 35% de gordura.

*Para um charme extra, embrulhe o pote em um pano de prato e pendure uma colher de pau.*

# *Fudge* de limão siciliano e macadâmia

O meu sobrenome está virando Fudge, por tanto amor a esse doce. No meu blog existem cerca de cinco variações de *fudge* e é um dos doces que mais fazem sucesso nas minhas aulas. Também pudera, é muito simples de fazer e seu sabor e sua textura cremosa são de emocionar.

A base branca de *fudge* é iluminada pela presença radiante do limão siciliano e pela crocância inconfundível da macadâmia. Uma combinação clássica e certeira quando nos referimos ao *fudge* branco.

**Rendimento:**

1 assadeira com 22 X 22 cm

**Ingredientes:**

* 225 g de leite condensado
* Raspas de 1 limão siciliano
* 75 ml de suco de limão siciliano peneirado
* 50 g de manteiga derretida
* 700 g de chocolate branco picado
* 120 g de macadâmias quebradas
* Açúcar de confeiteiro para polvilhar

**Material:**

Papel-manteiga ou celofane

**Modo de fazer:**

Derreta o chocolate branco no banho-maria ou na potência média do micro-ondas cerca de 3min40s ou até que esteja completamente derretido. Reserve.

Forre uma travessa com cerca de 22 X 22 centímetros com papel-manteiga ou celofane.

*Caso não disponha desses ingredientes, utilize o limão Tahiti e nozes. Vai ficar delicioso!*

Em uma vasilha, misture o leite condensado, as raspas de limão, o suco de limão e a manteiga derretida. Verta a mistura sobre o chocolate branco derretido e misture bem até agregar os ingredientes. Adicione as macadâmias quebradas e misture, finalizando o *fudge*.

Despeje a mistura na travessa, alise e nivele com o auxílio de uma espátula. Leve ao freezer por cerca de 1 hora, até ficar bem duro. Desenforme, retire o papel e, com uma faca grande e lisa, corte em quadrados de 3 X 3 centímetros. Disponha os quadrados cortados sobre um prato e polvilhe açúcar de confeiteiro.

**Utilizado:**

Barra de cobertura branca nacional.

# *Fudge* negro de Halls e gengibre cristalizado

O que me agrada no *fudge* é que ele tem um visual de doce moleque travesso e é totalmente aberto à inovação, diferentemente de alguns doces tradicionais que inibem a criação de variações.

A origem do *fudge* é americana. Sua base de receita é açúcar, manteiga e leite, cozidos à exaustão até obter o ponto cremoso desejado. Confesso que os originais são doces ao extremo, de fazer a pontinha da orelha doer.

A seguinte receita apresenta uma adaptação ao nosso paladar brasileiro, com doçura equilibrada e dois ingredientes inusitados que se harmonizaram perfeitamente: bala Halls triturada e pedacinhos de gengibre cristalizado.

### Rendimento:

1 assadeira com 23 X 23 cm

### Ingredientes:

* 450 g de chocolate meio amargo
* 395 g de leite condensado
* 50 g de manteiga derretida
* 3 pacotes de bala Halls
* 20 g de gengibre cristalizado e cortado em cubinhos
* Cacau em pó para decorar

### Material:

Papel-celofane

### Modo de fazer:

Prepare uma forma de tamanho médio, de 23 X 23 centímetros, forrando com duas tiras compridas de celofane cruzado.

Derreta o chocolate no banho-maria ou na potência média do micro-ondas por cerca de 3min30s ou até obter uma massa lisa, sem grumos. Junte o leite condensado e misture bem para agregar. Adicione a manteiga derretida e volte a misturar.

Processe as balas Halls até obter uma farinha de bala mentolada. Adicione a farinha de bala e os cubinhos de gengibre cristalizado na massa de *fudge* e misture até incorporar.

Coloque a mistura na forma e espalhe, alisando o doce. Leve à geladeira por cerca de 2 horas ou até que esteja em ponto de corte. Desenforme, corte em quadradinhos e decore com cacau em pó.

**Utilizado:**

Chocolate meio amargo nacional e bala Halls de embalagem preta.

NEW BRANDS
NEW BAY
GINO'S PIZZA
7 ELEVEN
ELEVEN
26.5
CIBC Instant teller

# Fotografia

Como vocês já sabem, além do santo Theobroma Cacao, tenho duas outras paixões: viagens e fotografia.

Fiz um curso livre de fotografia com duração de algumas semanas na faculdade de arquitetura. Na época, tinha uma câmera manual Canon Rebel de segunda mão. Lembro-me de ter feito alguns passeios fotográficos pela cidade, clicando bueiros, pessoas desavisadas e prédios de forma contida. Na época trabalhávamos com rolos de filmes caros com 36 chapas e ainda tínhamos de considerar os custos dos materiais para a revelação.

Apesar de ter aprendido noções de revelação caseira, detestava ficar no quarto escuro com a missão impossível de enrolar o filme no carretel. Contudo, devo dizer que a hora da revelação era um momento fantástico. O ambiente preparado a meia-luz e a sua visão do mundo aparecendo como mágica no papel mergulhado no líquido revelador emocionam e fazem você pegar o gosto pela coisa.

Nessa época, a câmera digital já era vista nas mãos de alguns afortunados. A ideia de poder clicar infinitamente e ter a ansiedade satisfeita mediante a visão da imagem captada logo em seguida cativou o meu coração.

Após vender a minha câmera manual, adquiri uma digital pequena e simples. As primeiras fotos do blog foram feitas com essa câmera. Após uma sucessão de máquinas Sony, dos mais variados modelos, voltei às raízes. No momento, clico as fotos do blog com uma Canon T3i Rebel, geralmente com a lente básica de 18-55 milímetros, habitualmente com a abertura máxima do diafragma. Para as fotos do blog, priorizo os cliques em ambientes com iluminação natural, sem flash e sem muitas firulas decorativas. O blog, no alto de seus cinco anos de vida, transparece um histórico perpetuado de imagens, mostrando a nítida evolução de sua qualidade.

Apesar de ser uma fotógrafa amadora, reparo que nenhum livro teórico de fotografia supera a experiência de clicar. Quanto mais você pratica, mais você tem noção de iluminação, espaço e distribuição.

Mais um caso de que a prática leva à perfeição.

# Fondue de chocolate especial

O *fondue* de chocolate é uma sobremesa informal e divertida, que agrada tanto pelo visual bonito da mesa montada com os acompanhamentos, como pelo sabor comumente acompanhado de onomatopeias de satisfação.

A base é uma simples *ganache* que pode ser enriquecida e aromatizada com folhinhas de hortelã, licores ou raspas de frutas cítricas. Você pode tanto fazer um *fondue* branco, usando o chocolate branco, como um ao leite ou meio amargo.

Minhas frutas preferidas para o *fondue* são morango, banana, abacaxi, *physalis* e maçã. No entanto, tudo tem potencial para servir de acompanhamento ao *fondue*, desde frutas secas a *marshmallows*.

*De preparo relativamente fácil e rápido, você pode aprontar a mistura do fondue com um dia de antecedência e deixá-la adormecida na geladeira. Se sobrar (oba!), você pode congelá-la por até 30 dias em potes bem fechados.*

**Rendimento:**

Para 5 pessoas

**Ingredientes:**

* 450 g de chocolate meio amargo picado
* 480 g de creme de leite fresco
* 1 xícara de folhinhas de hortelã (opcional)
* 120 ml de licor de chocolate (opcional)
* Frutas frescas e/ou secas, pedaços de bolo, *marshmallows*, *cookies*, biscoitos...

**Modo de fazer:**

Leve ao fogo em uma panela de fundo grosso o creme de leite fresco e as folhinhas de hortelã, até obter fervura. Desligue o fogo e deixe a infusão descansar por cerca de 10 minutos. Coe o creme de leite em uma peneira

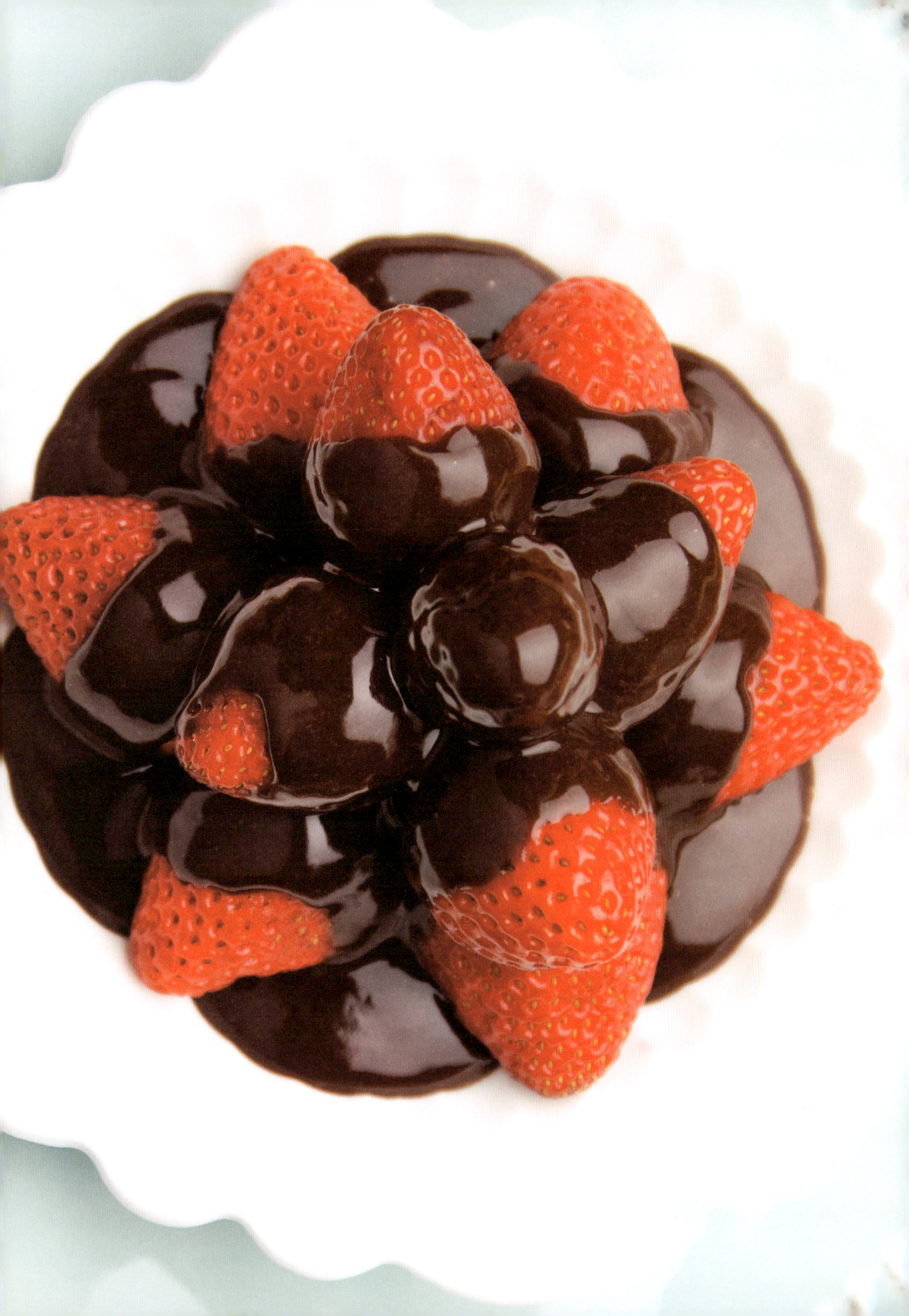

grossa, descartando as folhinhas de hortelã. Volte ao fogão e, ao menor sinal de fervura, desligue o fogo. Adicione o chocolate ralado ou bem picadinho e misture até obter uma *ganache* lisa e livre de grumos. Adicione o licor de chocolate e misture até incorporar. Despeje a mistura na panelinha de *fondue* e mantenha a chama do fogareiro baixa. Sirva imediatamente com frutas e outros acompanhamentos.

Utilizado:

Barra de chocolate nacional meio amargo e creme de leite fresco com 35% de gordura.

# Musse de chocolate

É sempre bom ter uma receitinha de musse de chocolate guardada na manga, não acha?

A musse de chocolate envolve pouquíssimos ingredientes, é rápida de fazer e a textura cremosa, aveludada e intensa arrebata o coração de qualquer apaixonado por chocolate. Apesar de algumas pessoas terem um pouco de relutância em relação à utilização de ovo cru, acredito que a consistência de uma musse feita com ovos é inigualável. O único cuidado recomendável é que você peneire as gemas antes de adicioná-las à musse, afastando o perigo do cheiro de ovo cru em seu doce.

**Rendimento:**

6 porções

**Ingredientes:**

- 270 g de chocolate amargo ou meio amargo
- 120 g de manteiga
- 75 g de gema peneirada (gema de 5 ovos médios)
- 195 g de clara (clara de 5 ovos médios)
- 90 g de açúcar
- Cacau em pó para polvilhar

**Modo de fazer:**

Derreta o chocolate meio amargo e a manteiga no banho-maria ou na potência média do micro-ondas por cerca de 2min30s ou até que esteja completamente derretido. Adicione as gemas peneiradas e bata bem com um *fouet*, até que a mistura fique homogênea.

Bata as claras em ponto de neve. Sem parar de bater, adicione aos poucos o açúcar. Com isso pronto, adicione cerca de ⅓ desse merengue na mistura de chocolate e gema. Misture até incorporar bem, só então adicione o restante do merengue. Quando a mistura estiver homogênea, despeje em um refratário e leve para gelar por cerca de 2 horas. Polvilhe cacau em pó antes de servir.

**Utilizado:**

Chocolate de cobertura amargo com 53,8% de cacau.

# Copinho com creme de amendoim

Esta base de copinho de chocolate pode ser feita tanto com formas próprias de chocolate como com copinhos plásticos descartáveis de café encontrados em mercados.

Como sugestão de recheio, segue uma cremosa *ganache* de pasta de amendoim, feita a partir do pote industrializado. Você pode perfeitamente usar a versão caseira com chocolate (página 104), rechear com uma deliciosa geleia de banana e chocolate (página 226) ou optar por um creme de leite batido em ponto de chantili com frutas picadas por cima.

**Rendimento:**

10 copinhos com tamanho de copo plástico de café

**Ingredientes:**

*Copinho:*

* 240 g de chocolate meio amargo

*Ganache de pasta de amendoim:*

* 125 g de chocolate branco
* 60 g de creme de leite
* 250 g de pasta de amendoim

*Para decorar:*

* Paçoca esfarelada e cacau em pó

**Materiais:**

10 copinhos plásticos de café

Papel-manteiga ou celofane

Saco de confeiteiro com bico perlê pequeno (opcional)

**Modo de fazer:**

*Copinho:*

Forre as costas de uma assadeira com papel-manteiga ou celofane transparente. Reserve.

Prepare o chocolate seguindo as instruções do capítulo "Tratamento de realeza", isto é, derreta em temperatura mediana e faça a temperagem apropriada.

Com o auxílio de uma colher, preencha os copinhos e dê leve batidinhas para eliminar eventuais bolhas de ar. Volte o chocolate para a tigela, tomando o cuidado para a casquinha não ficar muito fina. Limpe o excesso de chocolate nas bordas com uma espátula e posicione o copinho com a boca voltada para as costas da assadeira forrada. Leve à geladeira por cerca de 5 minutos. Passado esse tempo, solte da base de papel-manteiga e finalize a cristalização com a boca voltada para cima. Esse processo deverá levar cerca de 15 minutos. Passado esse tempo, rasgue delicadamente o plástico do copinho, desmoldando a casquinha de chocolate. Reserve.

*Ganache de pasta de amendoim:*

Derreta o chocolate no banho-maria ou na potência média do micro-ondas por cerca de 1min30s ou até que esteja completamente derretido.

Adicione o creme de leite e misture até obter uma trufa lisa e livre de grumos. Adicione a pasta de amendoim e misture para agregar. Deixe estabilizar por cerca de 20 minutos ou leve à geladeira por cerca de 10 minutos até ficar cremosa. Reserve.

*Montagem:*

Disponha a *ganache* em um saco de confeiteiro com bico perlê pequeno, ou trabalhe com colheres pequenas. Recheie os copinhos com a *ganache* até a boca. Decore com paçoca esfarelada e cacau em pó.

**Utilizado:**

Chocolates de cobertura nacionais, creme de leite UHT com 25% de gordura, pasta de amendoim industrializada.

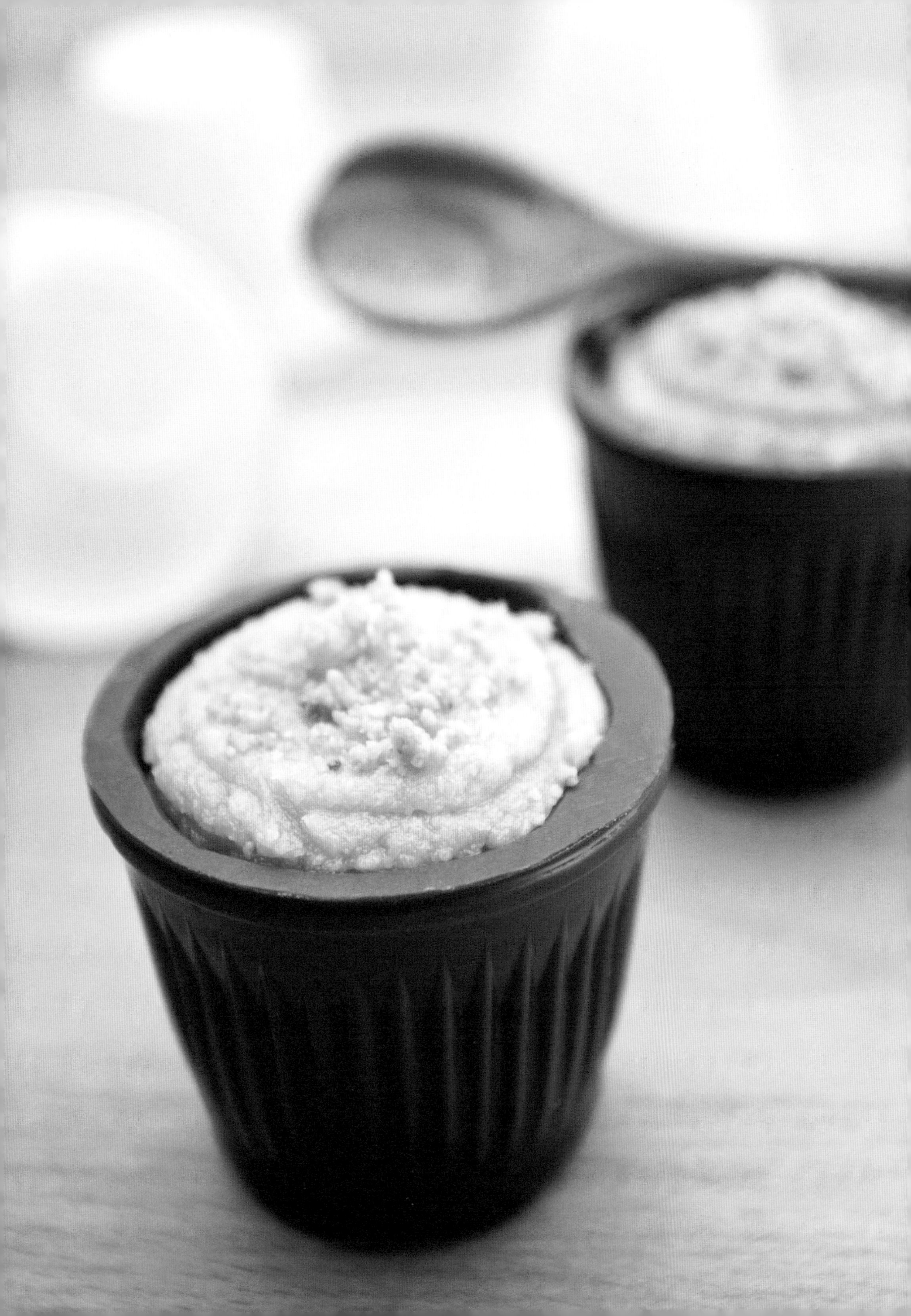

## Choc-Pop-Crock!

    Saborear pipocas carameladas cobertas com chocolate meio amargo pode ser uma experiência mágica, dependendo do quão lúdica é a sua alma.
    A magia tem início durante o estouro traquina das pipocas e o cheirinho de caramelo que se espalha pela casa. Como resistir?
    O sensual banho de chocolate meio amargo que envolve cada pipoca crocante caramelada é puro deleite para a visão e o olfato, e instantaneamente você sente a boca salivar. Minutos impacientes seguem até o chocolate se cristalizar e se recompor para o *grand finale*. A espera tem recompensas: um visual belíssimo de uma rocha escura e a explosão de sabores e texturas.

**Rendimento:**

Cerca de 1 kg de pipoca caramelada e coberta com chocolate

**Ingredientes:**

- 1 pacote de pipoca de micro-ondas ou 100 g de pipoca
- 300 g de açúcar cristal
- 750 g de chocolate meio amargo

**Material:**

- Papel-alumínio

**Modo de fazer:**

Forre duas assadeiras grandes com papel-alumínio. Reserve.

Estoure a pipoca em uma panela grande. Depois de estourada, abaixe o fogo e parta para a etapa de caramelização. Caso você use o micro-ondas, siga as instruções da embalagem para estourar a pipoca. Despeje-a em uma panela grande, leve ao fogo baixo e siga para a etapa de caramelização.

Espalhe o açúcar cristal por cima da pipoca estourada e mexa com uma colher de pau constantemente, para o açúcar não queimar, e o suficiente para cobri-la toda com o caramelo formado. Assim que obtiver uma cobertura homogênea e de tom caramelado, desligue o fogo.

Espalhe a pipoca rapidamente sobre as assadeiras forradas com papel-alumínio. Quando estiver fria e bem crocante, separe as pipocas grosseiramente com as mãos e disponha em uma bacia grande de inox com fundo arredondado. Reserve.

Prepare o chocolate seguindo as instruções do capítulo "Tratamento de realeza", isto é, derreta em temperatura mediana e faça a temperagem apropriada. Verta o chocolate sobre a pipoca e misture pacientemente até cobrir por completo. Espalhe as pipocas cobertas com chocolate nas assadeiras forradas com papel-alumínio. Leve à geladeira por cerca de 10 a 15 minutos ou até cristalizar.

Sirva em seguida, quebrando as rochas crocantes de pipoca.

**Utilizado:**

Pipoca de micro-ondas e chocolate de cobertura meio amargo nacional.

*Se sobrar, você pode guardar em latas bem fechadas por até 1 semana.*

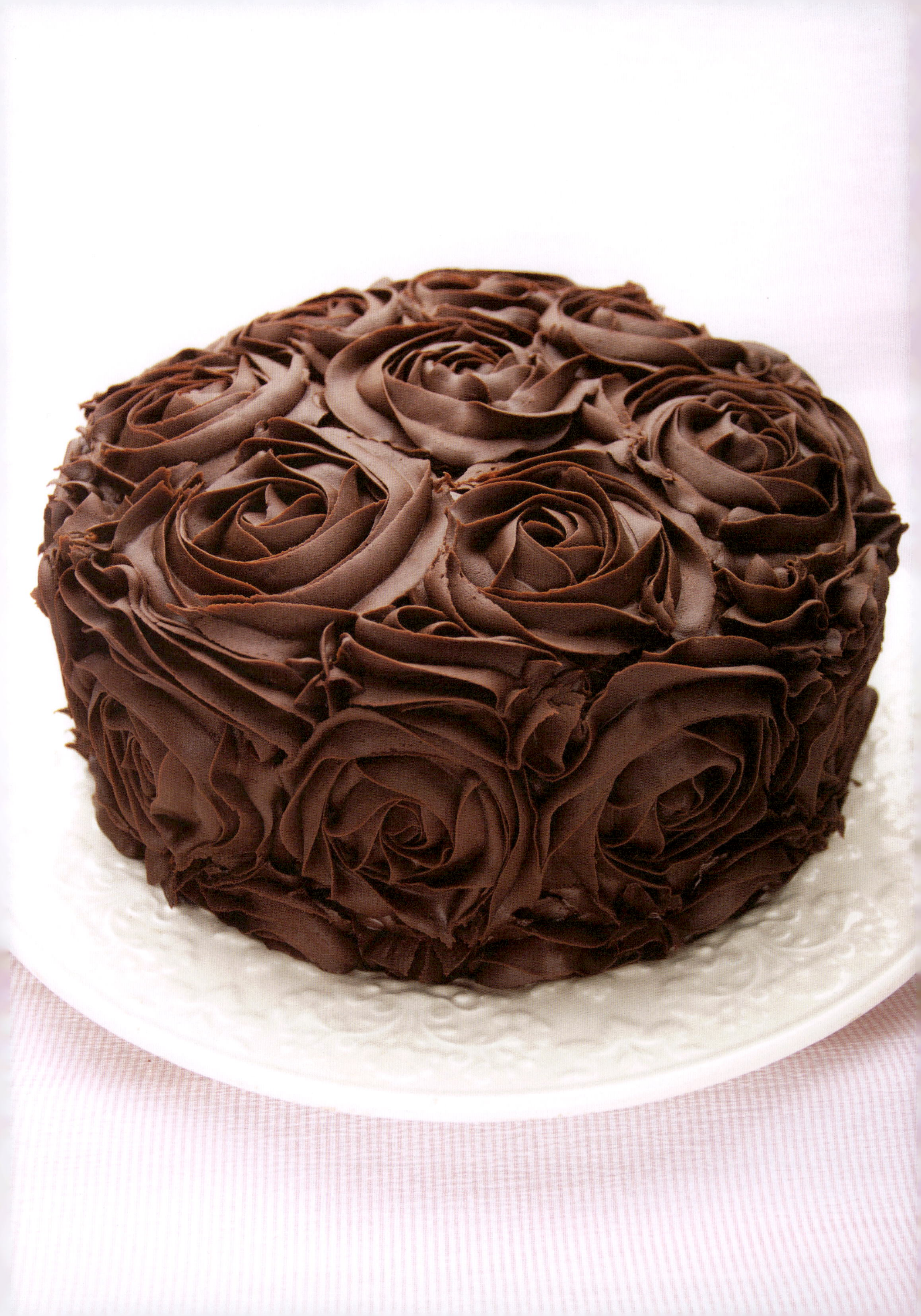

# Bolos

Minha paixão por bolos estava adormecida durante a infância e foi despertada em uma viagem ao Japão. Até então, dava de ombros aos bolos de fubá na frigideira que a minha mãe costumava fazer e aos rocamboles industrializados que o meu irmão devorava com tanto prazer.

Com 13 anos, conheci minha avó paterna, com a doçura característica das avós que ansiava encontrar, o Japão e suas belíssimas paisagens... e o bolo *castella*.

Durante a minha estada, notei movimento e barulho interessantes vindos da minúscula cozinha de uma tia. Eufórica, inquieta, risonha e metódica... confeccionou um bolo da massa à cobertura em um piscar de olhos. Ao provar, o meu paladar conheceu o paraíso. Levíssimo e doce na medida certa.

Pelas grandes luas de Netuno, que bolo é esse?

Jurei amor eterno ao *castella cake*, um bolo tradicional, muito admirado pelo povo japonês e presente em todas as docerias de esquina do país. Sua aparência lembra a de um pão de ló, porém sua consistência é esponjosa, leve... quase etérea.

A partir daí, você já conhece a história. A menina que mostrava indiferença ao doce pegou gosto pela coisa e se encantou por todos os tipos de bolo, seja simples ou recheado, preto ou branco, *brownie* ou pão de ló, de pobre ou de rico.

O problema agora é outro: como controlar a boca nervosa, diante de tantas opções gostosas?

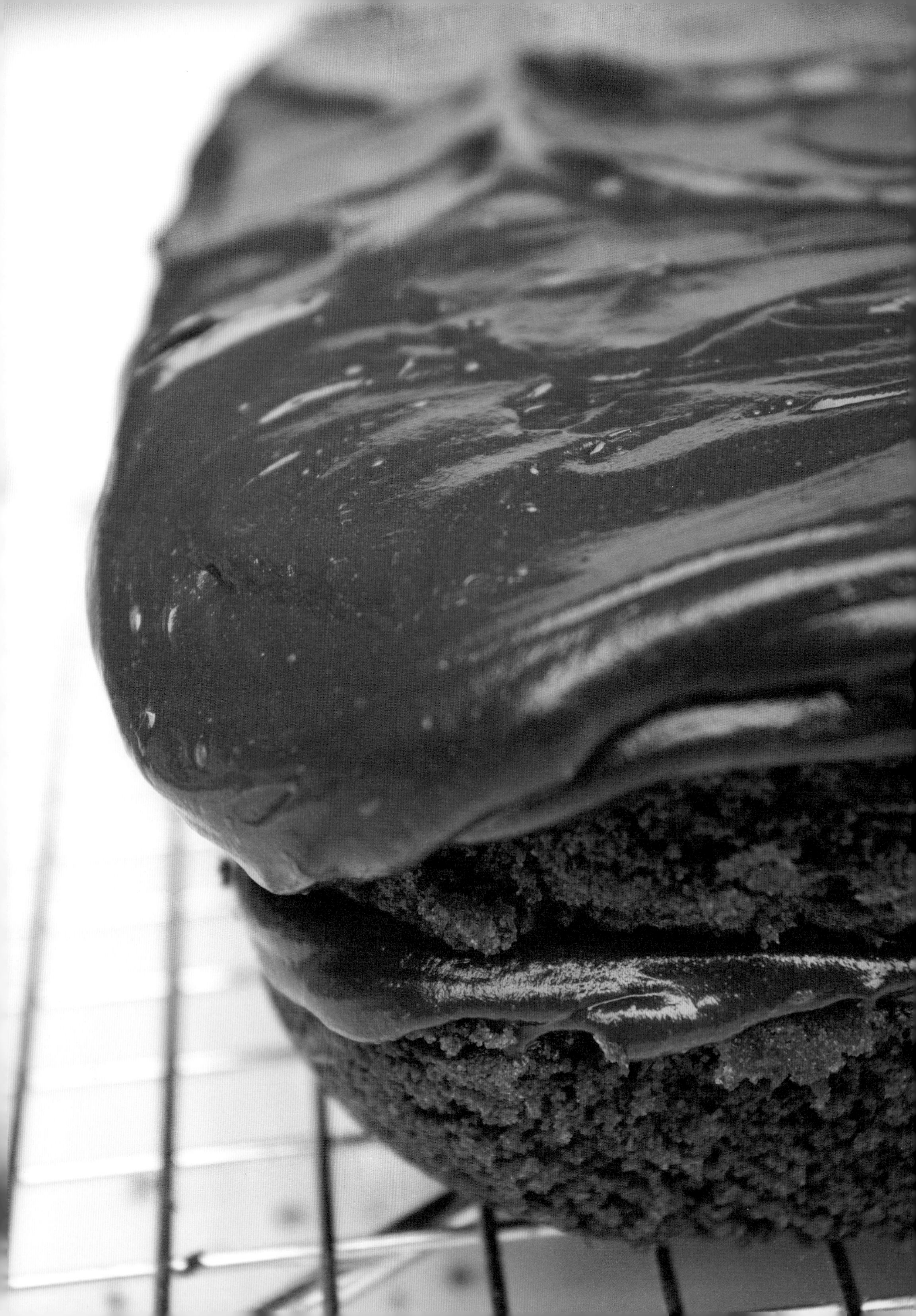

# Nega maluca

Um bolo simples, com ingredientes comuns e baratos, mas com satisfação garantida: nega maluca, um clássico na cozinha brasileira e provavelmente o primeiro bolo feito por muitas pessoas. Quando criança, costumava me deliciar com esse bolo aos domingos na casa de uma tia querida. Os pedaços eram acompanhados de um bule gordinho de chá-mate doce e frio, que curiosamente era tirado pronto de dentro de um armário da cozinha.

Hmmm... o armário mágico de titia que faz chá doce...

**Rendimento:**

1 bolo com 20 X 30 cm

**Ingredientes:**

* 50 g de chocolate em pó
* 40 g de cacau em pó
* 320 g de açúcar refinado
* 275 g de farinha de trigo
* 8 g de fermento
* 210 ml de óleo
* 4 ovos (pequeno) batidos
* 200 ml de água morna

**Modo de fazer:**

Preaqueça o forno a 180 °C.

Misture em uma vasilha o chocolate em pó, o cacau em pó, o açúcar refinado, a farinha de trigo e o fermento peneirados.

Em outra vasilha, misture o óleo, os ovos e vá adicionando alternadamente a mistura de secos e a água morna, até obter uma massa lisa e homogênea.

Verta a mistura em uma assadeira com 20 X 30 centímetros e asse por cerca de 30 minutos ou até que um palito saia seco ao ser espetado na massa. Deixe amornar.

**Utilizado:**

Chocolate em pó nacional com 32% de cacau e cacau em pó belga.

*Quer uma dica? Cubra este bolo com a calda rica de brigadeiro da página 44 ou com a receita do fondue de chocolate especial da página 168.*

# Bolo negro de chocolate com calda

Um livro de gordices de chocolate que se preze pede uma boa receita de bolo. E este, meus caros, é denso, úmido, chocolático e fantástico, principalmente se servido com caldas, como a de chocolate (página 43) ou a de brigadeiro (página 44).

A massa é perfeita para formas decoradas metálicas, pois é do tipo que desenforma com relativa facilidade. Usei uma linda forma de ferro com formato de rosa, mas você pode usar uma assadeira convencional.

Fiz um teste de congelamento. Tanto a massa como a calda se comportaram bem. É uma boa opção para visitas inesperadas numa tarde nebulosa qualquer, seja um amigo, uma tia ou a maldita dona Larica. É só colocar por alguns minutos no micro-ondas e você terá um bolo de chocolate morninho, com uma calda tentadora, sem despentear um fio de cabelo.

**Rendimento:**

1 bolo redondo com cerca de 22 cm de diâmetro e 10 cm de altura

**Ingredientes:**

* 160 g de manteiga em temperatura ambiente mais o suficiente para untar a forma
* 280 g de açúcar
* 3 ovos (grande) batidos
* 50 g de cacau em pó para a receita mais o suficiente para untar a forma e polvilhar o bolo
* 8 g de pó de café solúvel
* 120 ml de água fervente
* 280 g de farinha de trigo
* 8 g de bicarbonato de sódio
* 1 pitada de sal
* 240 g de iogurte natural

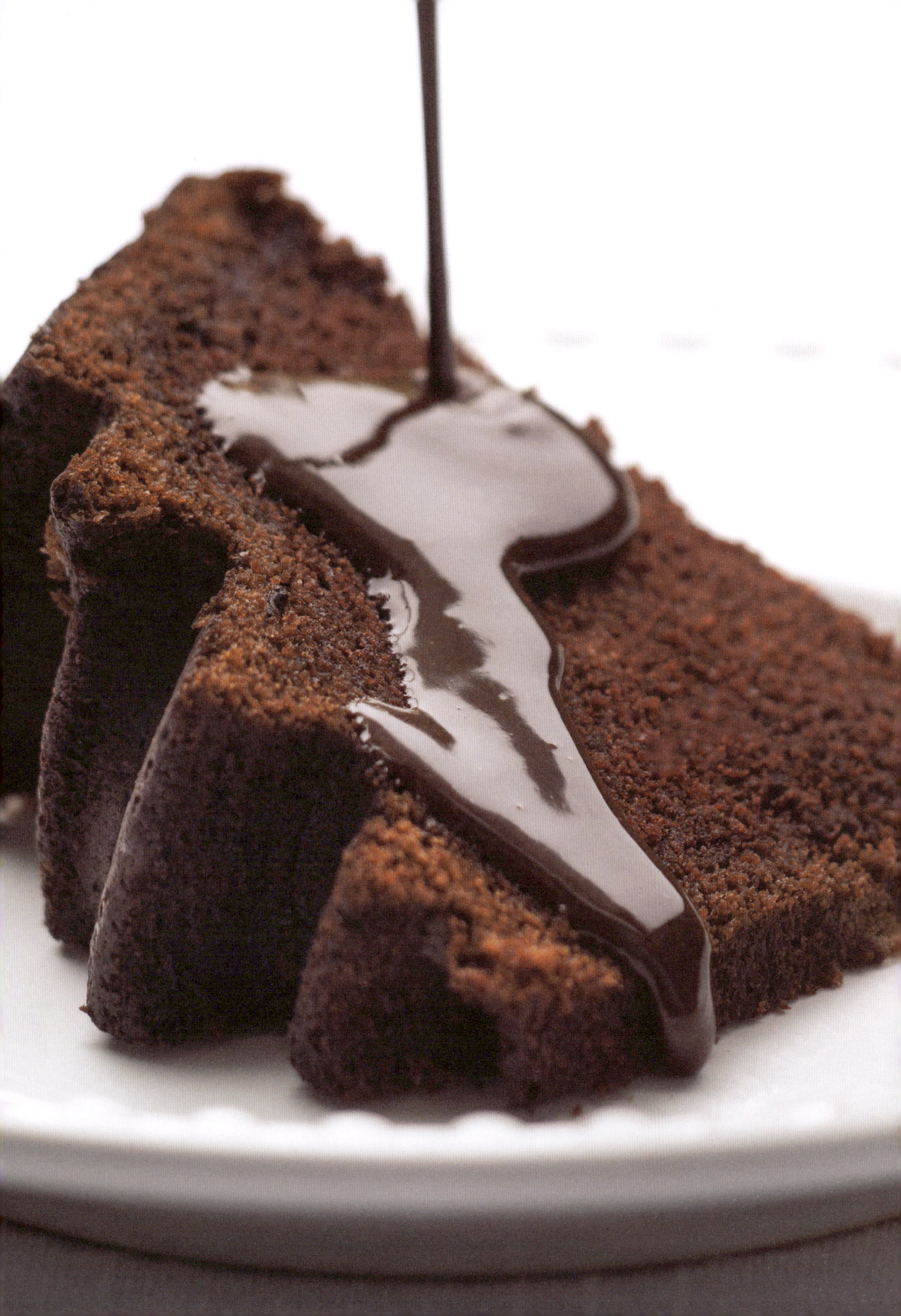

**Material:**

Trincha culinária (se necessário)

**Modo de fazer:**

Preaqueça o forno a 180 °C.

Com o auxílio de uma trincha culinária, unte a forma com bastante manteiga sem sal e polvilhe uma fina camada de cacau em pó. Recomendo usar cacau em pó em vez de farinha para o bolo não ficar com áreas brancas e visual manchado. Reserve.

Leve a água em uma panelinha ao fogo até ferver. Desligue o fogo e adicione o cacau em pó peneirado e o pó de café. Misture bem e reserve.

Em uma tigela, peneire a farinha, o bicarbonato de sódio e o sal. Reserve.

Em uma batedeira, bata a manteiga e o açúcar até obter uma mistura cremosa e esbranquiçada. Envolva os ovos batidos aos poucos. Adicione a mistura de farinha aos poucos, alternando com o iogurte natural e a mistura de cacau e café. Bata em velocidade média, até obter uma mistura cremosa e homogênea. Prove um pouquinho da massa crua. Ela não é deliciosa? Resista e continue a receita, por favor.

Verta a massa na forma untada e leve ao forno preaquecido por cerca de 1 hora ou até o palito de dente sair seco ao ser espetado. O tempo de forno varia conforme o tipo de forma escolhida: se for retangular e baixa, assará em um tempo muito menor do que em uma forma alta.

Ao retirar do forno, cubra a forma com um pano e deixe abafar por cerca de 30 minutos em ambiente arejado ou até que a forma esteja levemente morna para você conseguir desenformar com facilidade. Para formas de ferro, que retém muito calor, esse tempo sobe para cerca de 1 hora.

Para desenformar, descole as laterais com uma espátula de silicone. Balance delicadamente a forma de um lado para o outro até sentir que o bolo tenha se desgrudado. Findo esse processo, coloque o prato de servir sobre a boca da forma, vire com cuidado e...

Ta-daaa! (Com os dedos cruzados e desejando-lhe toda sorte do universo.)

Polvilhe cacau em pó e sirva com a calda sugerida.

**Utilizado:**

Cacau em pó belga e iogurte natural integral.

# Cake de chocolate com compota de pera

Inicialmente pretendia fazer um bolo alto e fofo de chocolate com peras. Ao degustar, no entanto, vi que os holofotes deveriam ser voltados para a compota de pera. Deliciosa, delicada, úmida e perfumada... perdia parte de seu poder em meio a tanto bolo.

Reduzi a massa pela metade para um equilíbrio de sabores e a enriqueci com gengibre fresco ralado, que pode ser substituído por gengibre em pó, a gosto.

Escolha peras pequenas e firmes, para um bom resultado estético e boa textura final. Usei as portuguesas do tipo Rocha.

Se assado em forma quadrada ou retangular, o bolo se parecerá com um quadro. Perfeito para ser devorado com toda a *finesse* em um chá da tarde ou servido morno com uma bolota de sorvete de creme em uma rica opção de sobremesa.

**Rendimento:**

1 bolo com 21 X 21 cm

**Ingredientes:**

*Compota de pera:*

* 6 peras firmes e pequenas
* 100 g de açúcar
* 20 g de gengibre cortado em tirinhas
* 240 ml de água

*Cake de chocolate:*

* 65 g de manteiga em temperatura ambiente
* 50 g de açúcar refinado
* Gema de 2 ovos (grande)
* 65 g de chocolate ao leite derretido
* 80 g de iogurte natural
* 4 g de gengibre ralado
* 120 g de farinha de trigo

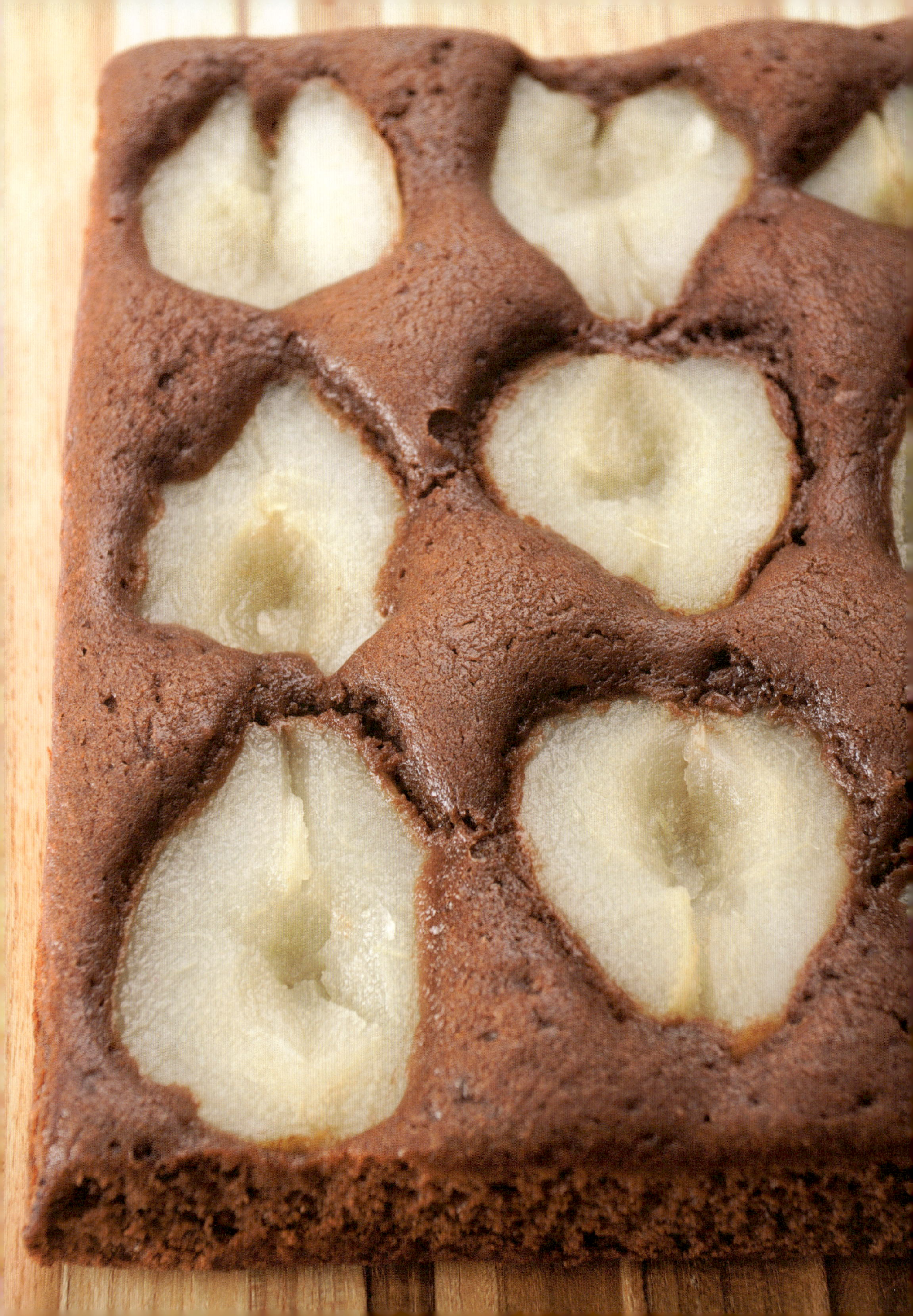

- 15 g de cacau em pó
- 6 g de fermento em pó
- Clara de 2 ovos (grande)
- Manteiga sem sal e cacau em pó para untar a forma

### Material:
Papel-alumínio ou manteiga

### Modo de fazer:

*Compota de pera:*

Junte todos os ingredientes e leve ao fogo alto até obter fervura. Abaixe o fogo e cozinhe por cerca de 35 minutos, até a pera ficar levemente macia.

*Cake de chocolate:*

Preaqueça o forno a 180 °C.

Bata as claras até obter o ponto de neve. Reserve.

Em um recipiente, coloque a manteiga e o açúcar e bata com um *fouet* até obter um creme esbranquiçado.

Acrescente as gemas e misture até agregar. Adicione o chocolate derretido, o iogurte natural e o gengibre ralado, sempre misturando bem.

Peneire a farinha, o cacau e o fermento em pó, e adicione à mistura de manteiga e chocolate. Misture. Envolva delicadamente as claras batidas em ponto de neve.

Verta a massa em uma forma com cerca de 21 X 21 centímetros, forrada com duas tiras cruzadas de papel-alumínio ou papel-manteiga untadas com manteiga sem sal e polvilhadas com cacau em pó (as tiras auxiliarão na hora de desenformar o bolo pronto e frio), e decore com as peras escorridas da compota.

Leve ao forno preaquecido por 35 a 40 minutos ou até que um palito saia seco ao ser espetado.

### Utilizado:
Barra de chocolate ao leite nacional, cacau nacional, iogurte natural integral e peras portuguesas do tipo Rocha.

# Brownie de chocolate, nozes e caramelo

O *brownie* é um doce de origem americana, sem adição de fermento e com bastante chocolate na massa, o que proporciona umidade e oferece um sabor intenso de chocolate. Tradicionalmente é cortado em quadrados e faz uma combinação paradisíaca quando servido morno ao lado de uma bolota de sorvete de creme.

Esta é uma receita de *brownie* com bonito efeito decorativo, obtido pela mescla da massa escura e pegajosa de chocolate com o doce de leite.

O cuidado com o tempo de forno deve ser extremo, para não perder o ponto úmido característico do *brownie*.

**Rendimento:**

1 assadeira tamanho 23 X 23 cm

**Ingredientes:**

* 250 g de chocolate meio amargo picado
* 150 g de manteiga sem sal
* 4 ovos (extra) batidos
* 50 g de açúcar refinado
* 100 g de açúcar mascavo
* ½ colher (chá) de sal
* 150 g de farinha de trigo
* 100 g de chocolate ao leite picado
* 60 g de nozes picadas
* 200 g de doce de leite em ponto cremoso
* 30 g de creme de leite

**Material:**

Papel-alumínio ou papel-manteiga

*Você pode substituir o doce de leite por colheradas de pasta de avelã ou eliminá-lo, aumentando apenas a quantidade de açúcar refinado da massa para 150 gramas.*

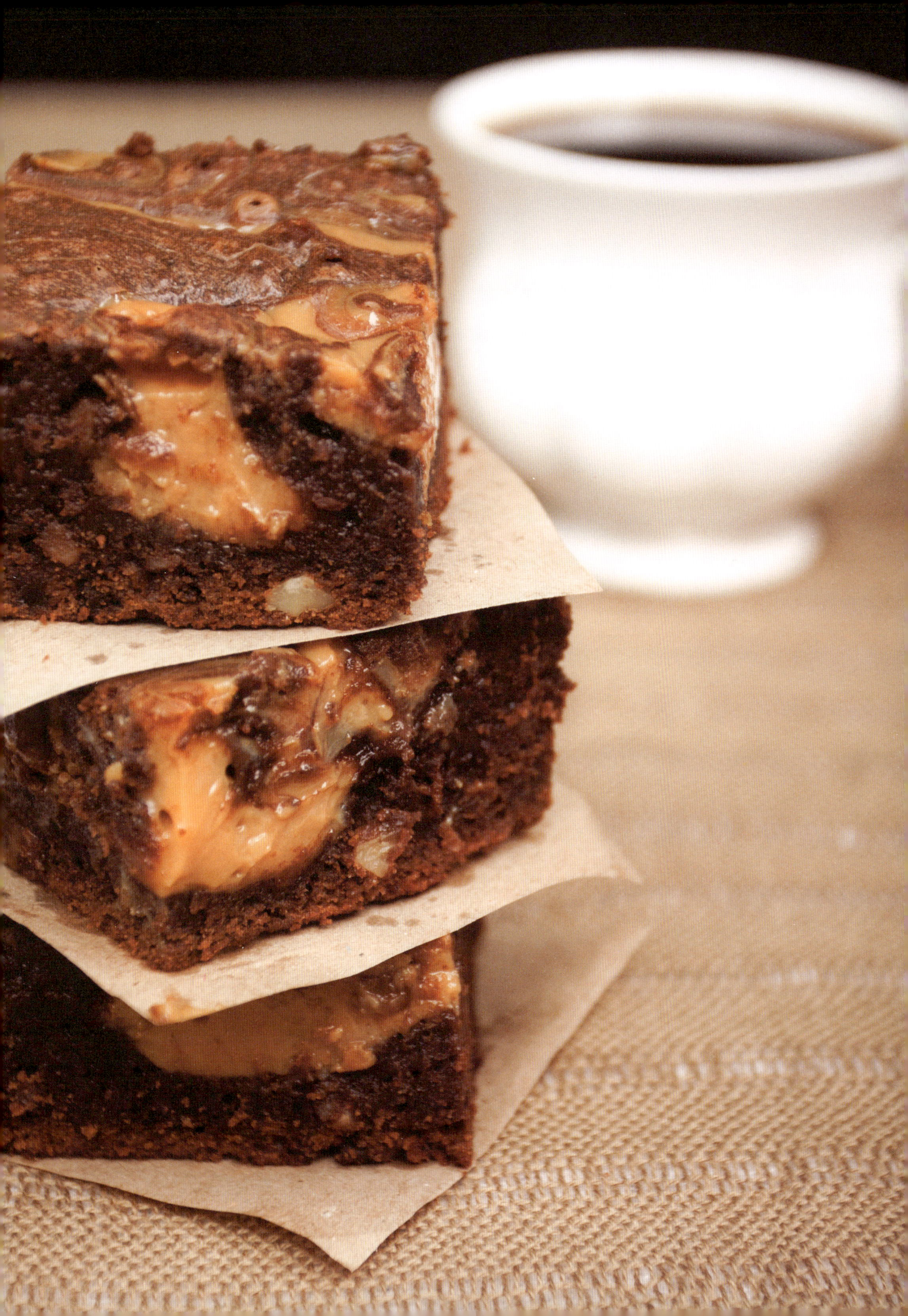

**Modo de fazer:**

Preaqueça o forno a 180 °C.

Forre uma assadeira de 23 X 23 centímetros com papel-alumínio ou papel-manteiga, deixando sobrar bordas nas laterais para facilitar a retirada do *brownie* da assadeira.

Leve o chocolate meio amargo e a manteiga ao banho-maria ou ao micro-ondas em potência média por cerca de 2min20s ou até que estejam derretidos. Reserve.

Em outra tigela, bata os ovos e os dois tipos de açúcar até obter uma mistura cremosa. Adicione o sal e a mistura de chocolate meio amargo. Adicione aos poucos a farinha e, por último, os pedacinhos de chocolate e as nozes.

Misture o doce de leite ao creme de leite com um *fouet* e leve ao fogo baixo para amornar e tornar essa mistura mais fluida. Reserve.

Despeje a mistura de bolo na assadeira preparada e, por cima dela, espalhe colheradas do doce de leite. Mescle as duas cores, com auxílio da ponta de uma faca. Leve para assar por 20 ou 25 minutos, até firmar levemente e uma crosta fina se formar por cima. Ao espetar um palito de dentes, ele deve sair repleto de gruminhos e bem úmido. Esfrie por completo e, em seguida, deixe o *brownie* no freezer por cerca de 10 minutos para depois ser fácil desenformá-lo. Sirva em temperatura ambiente ou aqueça alguns segundinhos no micro-ondas para servir com sorvete.

**Utilizado:**

Chocolate meio amargo nacional.

# *Brownie* de chocolate, banana e calda de *gianduia*

Tenho um fraco por bananas. Se combinadas com chocolate, viram uma perdição. Complementadas com calda de *gianduia*, é impossível resistir.

O *brownie* é um bolo naturalmente pesado e, ao ser combinado com bananas, convenhamos… não é o doce mais leve com o qual você já cruzou. Mas certamente deixará o seu dia mais feliz.

Uma dica é passar levemente as fatias de banana em açúcar antes de dispor no *brownie*. Desse jeito, elas não afundarão para o fundo da assadeira e terão um colorido bonito.

E já que abusamos da amizade com a dieta, por que não complementarmos com uma bolinha de sorvete de baunilha? Perfeito!

**Rendimento:**

1 assadeira de 20 X 30 cm

**Ingredientes:**

*Brownie:*

- 340 g de chocolate meio amargo picado
- 150 g de manteiga sem sal
- 4 ovos (extra)
- 100 g de açúcar refinado mais o suficiente para passar as bananas de decoração
- 60 g de açúcar mascavo
- ½ colher (chá) de sal
- 150 g de farinha de trigo
- 2 bananas-nanicas grandes cortadas em rodelas mais o suficiente para decorar
- 60 g de nozes

*Calda de gianduia:*

- 200 g de creme de leite
- 180 g de pasta de avelã

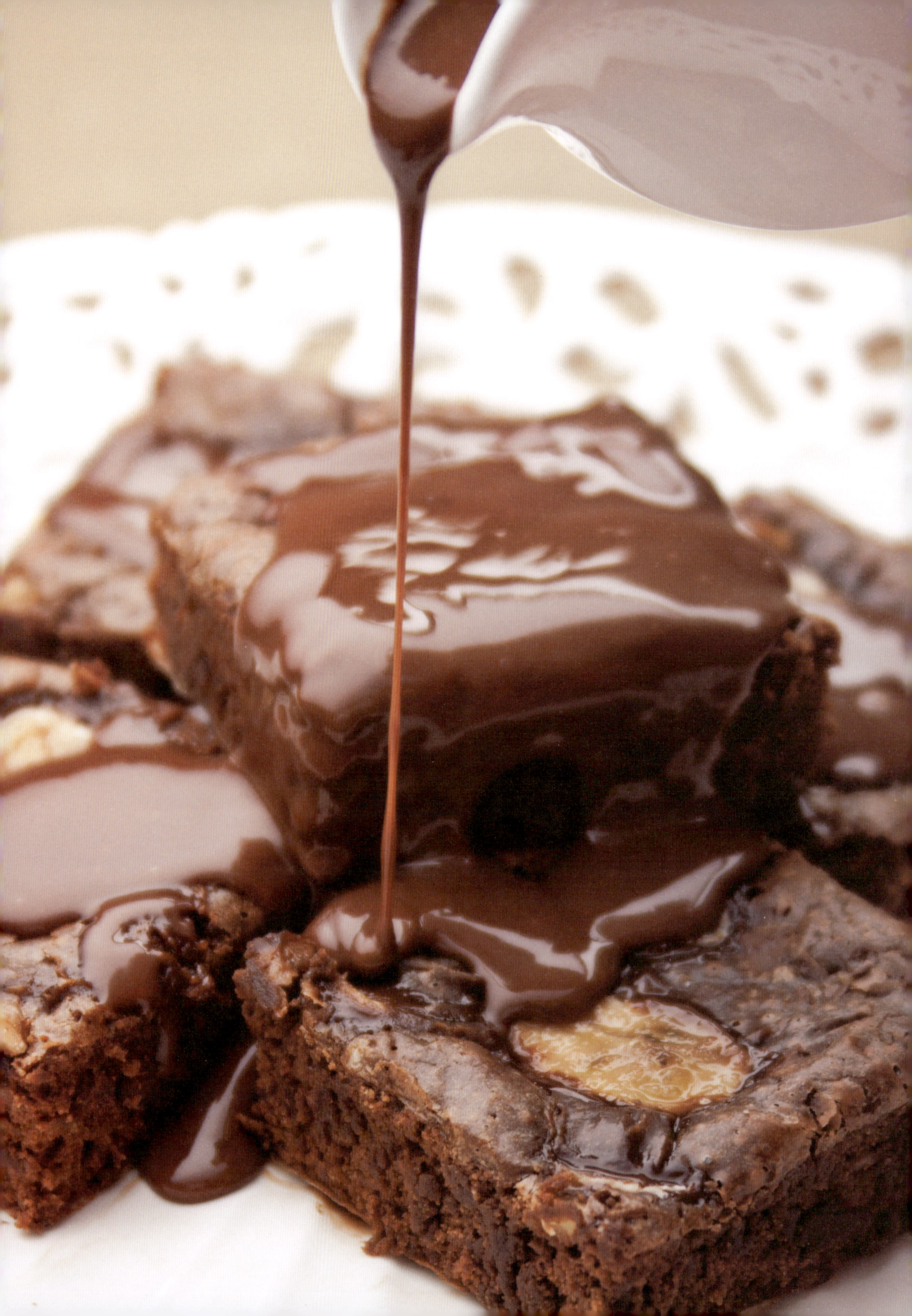

**Material:**

Papel-alumínio ou papel-manteiga

**Modo de fazer:**

*Brownie:*

Preaqueça o forno a 180 °C.

Forre o fundo de uma assadeira de tamanho 20 X 30 centímetros com papel-alumínio ou papel-manteiga.

Leve apenas 250 gramas do chocolate meio amargo e a manteiga ao banho-maria ou ao micro-ondas em potência média por cerca de 2min20s ou até que estejam derretidos. Reserve.

Em outra tigela, bata os ovos e os dois tipos de açúcar até ficar cremoso. Junte o sal e a mistura de chocolate e envolva bem. Adicione gradualmente a farinha e misture delicadamente.

Despeje metade dessa mistura na assadeira preparada. Sobre essa camada, distribua as bananas, as nozes e os 90 gramas restantes do chocolate picado. Despeje o restante da massa. Decore com fatias de banana passadas em açúcar e leve para assar por 25 a 30 minutos, até firmar e formar uma película delicada por fora. Seu interior ainda deverá estar levemente pegajoso para que, quando frio, continue cremoso.

Esfrie por completo e só então corte o seu *brownie* em quadrados e sirva com a calda de *gianduia*.

*Calda de gianduia:*

Misture os dois ingredientes até obter uma calda lisa. Sirva sobre os *brownies*.

**Utilizado:**

Barra de chocolate meio amargo nacional, pasta de avelã nacional e creme de leite UHT com 25% de gordura.

# *Blondie* de chocolate, castanha-do-pará e cereja

A versão loira do *brownie* veio vestida para festa, com firulas, muito colorido e sabor. Este *blondie* é um deleite e a mistura do toque cítrico das raspas de limão com as cerejas em calda se revelou uma agradável surpresa. Se você puder investir em macadâmias em vez de castanhas-do-pará, vá em frente e seja feliz.

Por ser prima do *brownie*, tome cuidado com o tempo de forno. Acompanhe pacientemente o seu ponto, senão no lugar do ponto de *blondie* você obterá o ponto de bolinho – não menos saboroso. Verifico o ponto com o toque ligeiro das mãos na superfície, logo após a formação de uma fina crostinha. O interior precisa estar molinho para que, quando esfrie, continue cremoso. Se estiver fofinho, o ponto já passou desta para melhor.

Rendimento:

1 assadeira de tamanho 20 X 30 cm

Ingredientes:

* 250 g de chocolate branco
* 150 g de manteiga sem sal
* 4 ovos (extra)
* 160 g de açúcar refinado
* ½ colher (chá) de sal
* Raspas de 1 limão siciliano
* 1 fava de baunilha ou 2 colheres (chá) de pasta de baunilha
* 150 g de farinha de trigo
* 90 g de chocolate meio amargo picado
* 60 g de castanhas-do-pará picadas
* 100 g de cerejas em calda, escorridas e picadas
* Açúcar de confeiteiro para polvilhar (opcional)

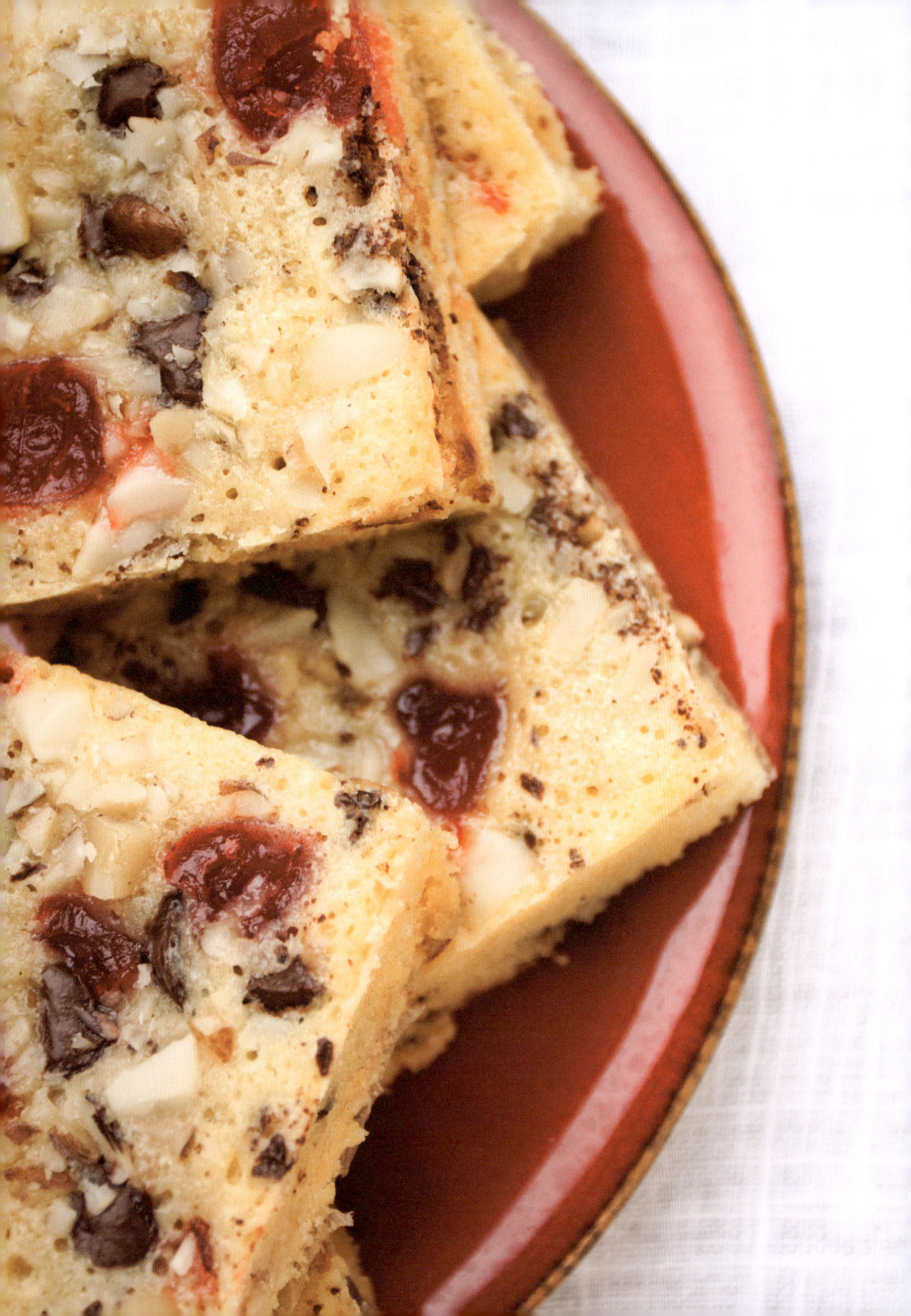

**Material:**

Papel-alumínio ou papel-manteiga

**Modo de Fazer:**

Preaqueça o forno a 180 °C.

Forre uma assadeira de tamanho 30 X 20 centímetros com papel-alumínio ou papel-manteiga, deixando sobrar bordas nas laterais para facilitar a retirada do *blondie* da assadeira.

Leve o chocolate branco e a manteiga ao banho-maria ou ao micro-ondas em potência média por cerca de 2min20s ou até que estejam derretidos. Reserve.

Em outra tigela, bata os ovos e açúcar até ficar cremoso. Adicione à mistura do chocolate branco o sal, as raspas de limão e a baunilha. Adicione a farinha e por último os pedaços de chocolate, castanhas e cerejas.

Despeje a mistura na assadeira e leve para assar por cerca de 25 minutos, até firmar levemente. O seu interior ainda deverá estar bem pegajoso, molinho, para que, quando esfrie, continue cremoso.

Depois de frio, deixe no freezer por cerca de 10 minutos para facilitar no momento de desenformar. Corte em quadrados e, caso deseje, polvilhe açúcar de confeiteiro.

Sirva em temperatura ambiente ou aqueça alguns segundinhos no micro-ondas para servir com sorvete.

**Utilizado:**

Barras de chocolate branco e ao leite nacionais e pasta de baunilha sul-africana.

# Bolo-pudim de chocolate e laranja

A união do bolo e do pudim é uma ideia portuguesa mirabolante e deliciosa, a meu ver. Duas massas que se mesclam antes de ir ao forno, mas que se separam durante o cozimento, formando um bonito visual bicolor. Para somar, a elegante e arrebatadora combinação de chocolate e laranja. Não tem como não agradar!

Os sabores se intensificam somente no dia seguinte do preparo, durante a calada da noite, quando descansa na geladeira.

**Rendimento:**

1 forma de furo com 21 cm de diâmetro

**Ingredientes:**

*Calda:*

* 160 g de açúcar
* 20 g de manteiga

*Bolo:*

* 2 ovos (grande)
* 85 g de açúcar
* 30 g de manteiga
* 60 ml de leite
* 20 g de chocolate ou cacau em pó
* 110 g de farinha de trigo
* 5 g de fermento em pó
* Raspas de 1 laranja

*Pudim:*

* 395 g (1 lata) de leite condensado
* 1 lata de leite integral
* 50 ml de suco de laranja peneirado
* Raspas de 1 limão siciliano
* 3 ovos (grande)

**Material:**

Papel-alumínio

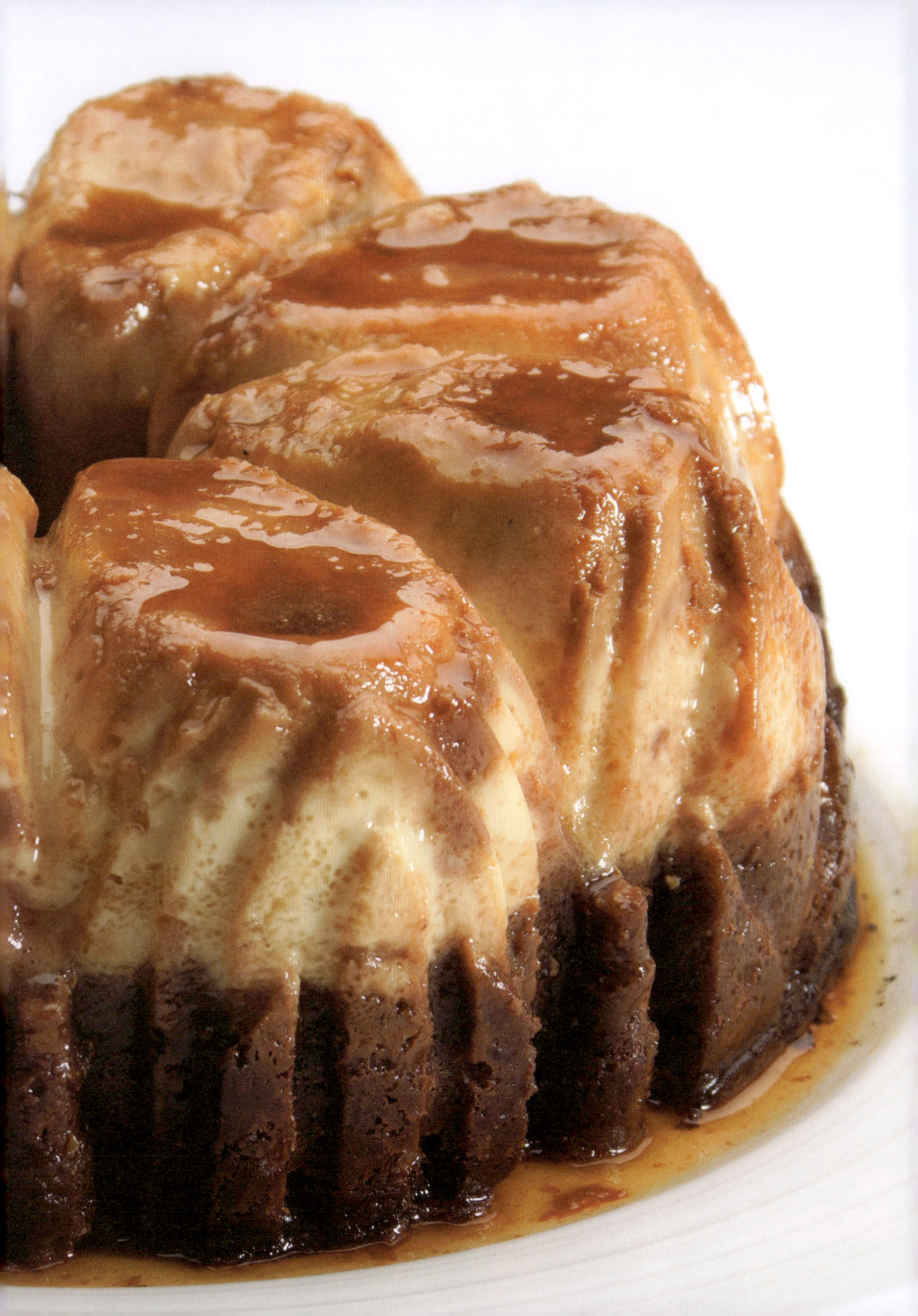

**Modo de fazer:**

*Calda:*

Coloque o açúcar e a manteiga na forma de furo e leve ao fogo moderado para caramelizar. Quando o caramelo estiver bem derretido, cubra as laterais da forma e do furo e o fundo. Reserve.

*Bolo:*

Bata os ovos, o açúcar, a manteiga derretida e o leite com um *fouet*. Agregue delicadamente o cacau ou o chocolate em pó, a farinha e o fermento até incorporar. Reserve.

*Pudim:*

Bata todos os ingredientes do pudim no liquidificador até obter uma mistura homogênea. Reserve.

*Montagem:*

Preaqueça o forno a 180 °C.

Verta a mistura do bolo na forma caramelizada. Por cima da massa do bolo, despeje delicadamente e de forma homogênea a mistura de pudim. Caso facilite, coloque a massa do pudim em um saco de confeiteiro.

Tampe a assadeira com papel-alumínio e leve para assar por cerca de 30 minutos em banho-maria, no forno preaquecido. Depois desse tempo, retire o papel-alumínio e asse por mais 30 minutos.

Desenforme após 6 horas de refrigeração. Solte as laterais e desenforme sobre um prato. Sirva gelado.

**Utilizado:**

Chocolate em pó belga e suco de laranja.

> Não mude a proporção de líquidos na massa do pudim. No máximo substitua o suco de laranja por de limão, maracujá ou simplesmente elimine. Este pudim precisa ter uma densidade maior do que a do bolo para que a inversão de posição durante o cozimento aconteça. Por isso, também é importante que o leite seja integral.

# Bolo para o lanche

Acho muito simpático este formato de bolo e a sua cobertura durinha, que não mela no guardanapo. Pode parecer simples, mas é na verdade um saboroso bolo amanteigado de chocolate, enriquecido com o sabor da banana. Perfeito para pessoas práticas ou com crianças a tiracolo!

A cobertura negra pode ser enriquecida com pistaches verdinhos, castanhas variadas ou simplesmente receber uma cobertura aveludada de cacau em pó.

**Rendimento:**

1 bolo no formato inglês, com 10 X 21 cm de base e 7 cm de altura

**Ingredientes:**

*Bolo:*

- 135 g de farinha
- 30 g de cacau em pó
- 200 g de açúcar
- 2 g de fermento em pó
- 2 g de bicarbonato de sódio
- 1 banana média
- 1 ovo (grande)
- 180 ml de leite morno
- 60 ml de óleo de canola, milho ou girassol

*Sugestão:*

½ xícara de nozes picadas ou gotas de chocolate.

*Cobertura:*

- 40 g de cacau em pó
- 120 g de açúcar de confeiteiro
- Água

**Materiais:**

Papel-manteiga

Trincha culinária (se necessário)

**Modo de fazer:**

*Bolo:*

Preaqueça o forno a 180 °C.

Unte e enfarinhe uma forma de bolo

inglês com tamanho 10 X 21 centímetros. Reserve.

Em uma tigela, junte os secos: a farinha de trigo, o cacau em pó, o açúcar, o fermento em pó e o bicarbonato de sódio.

Amasse a banana. Junte o ovo, o leite e o óleo e misture bem. Adicione a mistura de secos e mexa delicadamente até incorporar. Caso deseje, você pode incorporar neste momento, gotas de chocolate ou castanhas picadas a gosto.

Despeje a massa na forma e leve ao forno por cerca de 40 minutos ou até que o palito saio seco ao ser espetado.

Deixe amornar coberto com um pano e só então desenforme.

*Cobertura:*

Misture o cacau em pó e o açúcar de confeiteiro. Adicione a água aos poucos, até obter uma pasta de chocolate.

*Montagem:*

Espalhe a cobertura sobre o bolo com a ajuda de uma trincha culinária. Caso deseje secar a cobertura, leve ao forno preaquecido a 200 °C por cerca de 5 minutos.

**Utilizado:**
Banana nanica e cacau em pó nacional.

*Utilize como cobertura meia receita do brigadeiro gourmet express da página 126. Fica uma delícia!*

# Castella cake

Este é um bolo com massa semelhante à do pão de ló, mas a quantidade de farinha é quase a metade em relação às receitas de pão de ló. O resultado é um bolo leve e delicado, como a maioria dos doces japoneses. A combinação clássica das docerias nipônicas é o *castella cake* recheado e coberto com chantili e morangos. Delicioso!

Abaixo, a receita de *castella* da minha tia eufórica, inquieta, risonha e metódica (leia a crônica "Bolos", na página 179), com um levíssimo recheio de *cream cheese* e morangos picados.

Este bolo foi feito especialmente para a minha Divinha, que fez cinco anos, junto com o blog Chocolatria, durante as sessões de fotos deste livro. Para um ar festivo e delicado, a decoração é feita com saco de confeiteiro e bico grande em forma de gota.

**Rendimento:**

1 bolo com 23 cm de diâmetro

**Ingredientes:**

*Castella cake:*

* 5 ovos (grande)
* 200 g de açúcar refinado
* 1 colher (chá) de pasta de baunilha
* 200 g de farinha de trigo mais o suficiente para untar
* Manteiga para untar

*Calda:*

* 130 g de açúcar
* 360 ml de água

*Creme de cream cheese:*

* 300 g de *cream cheese*
* 1 colher (sopa) suco de limão
* 120 g de açúcar de confeiteiro
* 1 colher (chá) de baunilha
* Raspas de 1 limão
* 250 g de creme de leite fresco

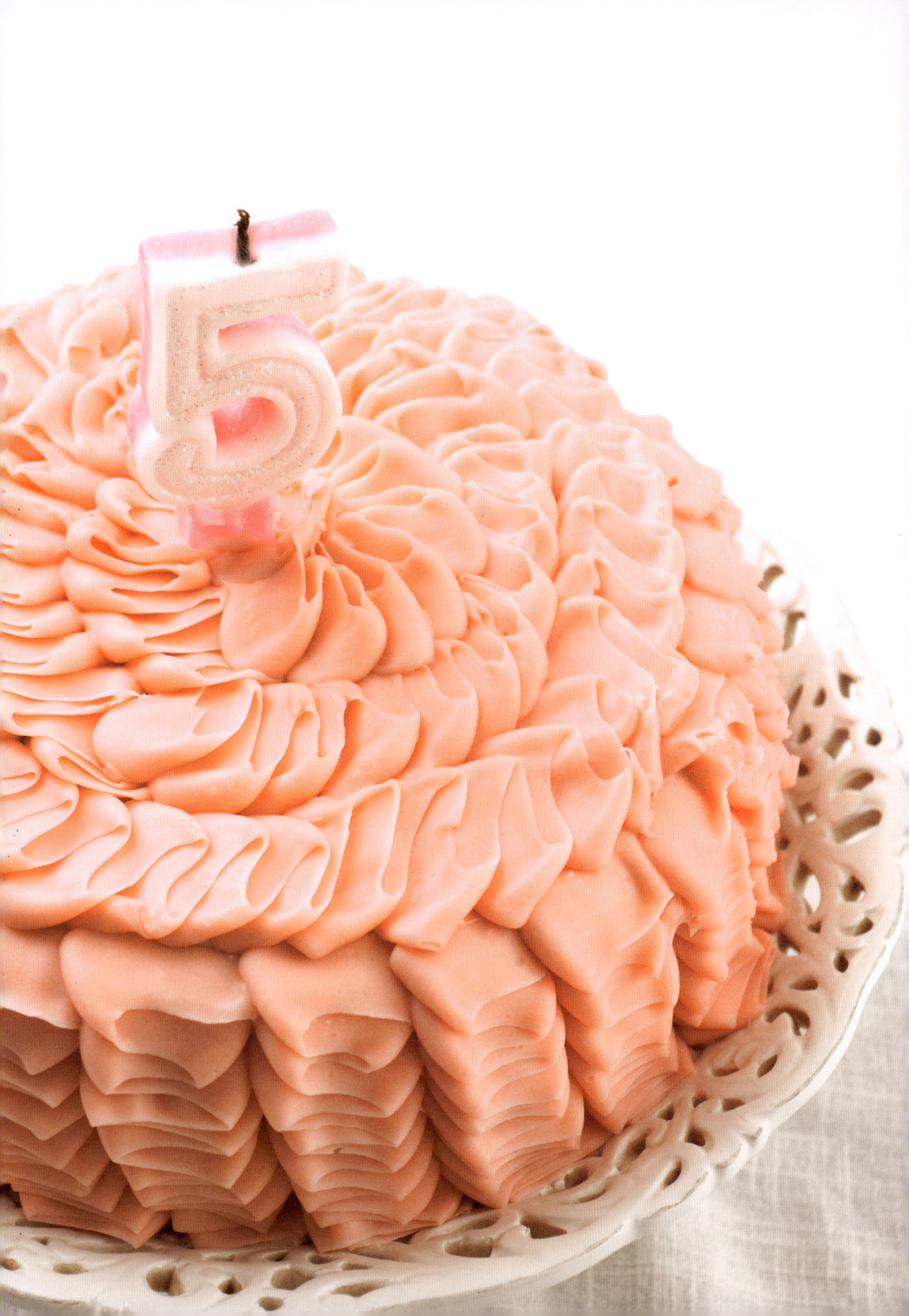

* 1 bandeja de morangos lavados, limpos e picados

*Ganache:*

* 900 g de chocolate branco
* 315 g de creme de leite
* 75 ml de licor de laranja
* Corante líquido rosa para chocolate

**Materiais:**

Assadeira com fundo removível

Papel-manteiga

Saco de confeiteiro com bico gota grande

**Modo de fazer:**

*Castella cake:*

Preaqueça o forno a 180 °C.

Forre com papel-manteiga o fundo removível de uma assadeira com 23 centímetros de diâmetro. Unte o fundo e as laterais com manteiga e polvilhe com farinha de trigo.

Separe as gemas das claras. Bata as gemas até obter um creme bem claro. Reserve.

Separadamente, bata as claras em ponto de neve firme. Adicione o açúcar e a baunilha e volte a bater bem. Parta para o *fouet*: adicione o creme de gemas ao merengue e misture delicadamente. Adicione a farinha de trigo e misture apenas o suficiente para agregar.

Verta a massa sobre a forma preparada. Leve ao forno preaquecido por cerca de 40 minutos ou até que, ao espetá-lo, o palito saia seco.

Espere amornar para só então desenformar. Retire a película de papel-manteiga, embrulhe em filme plástico ainda morno e leve à geladeira para evitar que resseque. Quando estiver bem frio, corte o bolo obtendo 3 partes. Reserve.

*Calda:*

Leve ao fogo numa panelinha o açúcar e a água. Deixe ferver e dissolver todo o açúcar. Tire do fogo e deixe esfriar.

*Creme de cream cheese:*

Bata o *cream cheese*, adicione o suco de limão, o açúcar de confeiteiro, a baunilha e as raspas de limão. Reserve.

À parte, bata o creme de leite fresco até obter picos moles e junte as duas misturas.

*Ganache:*

Derreta o chocolate em banho-maria ou na potência média de seu micro-ondas por cerca de 4 minutos ou até que esteja completamente derretido. Adicione o creme de leite e misture vigorosamente até obter uma mistura lisa e sem grumos. Acrescente o licor de laranja e o corante e misture até ficar homogêneo e obter a cor desejada. Deixe estabilizar por cerca de 20 minutos na geladeira, misturando a cada 10 minutos ou até que esteja com ponto de confeitar: firme, porém levemente cremosa.

Disponha a *ganache* em um saco de confeiteiro com bico gota grande.

*Montagem:*

Aplique a calda sobre as camadas do bolo.

Passe uma generosa camada do creme sobre uma camada do bolo. Espalhe o morango picado e posicione outra camada de bolo logo acima. Repita novamente o processo, finalizando o seu formato. Espalhe o restante do creme nas laterais e parte superior do bolo.

Decore o bolo com ondas de *ganache*, obtendo um efeito rendado, leve e semelhante à saia de uma menina. Para confeccionar as ondas, faça um movimento de vaivém, iniciando de baixo para cima, formando pequenas ondas ao longo da lateral do bolo já coberto com o creme. Ao findar, faça o mesmo trabalho rendado no sentido horizontal, para decorar a parte superior do bolo.

> Treine as ondas de ganache fazendo-as primeiro sobre uma assadeira forrada com filme plástico, para garantir um movimento firme e certeiro!

**Utilizado:**

Chocolates de cobertura nacional, creme de leite fresco com 35% de gordura (creme de *cream cheese*) e creme de leite com 25% de gordura (ondas de *ganache*).

# Bolo de rosas trufado

Este é o famoso bolo trufado, porém vestido para gala. A beleza de trabalhar com saco e bico de confeiteiro é que eles possibilitam infinitos acabamentos diferentes, enriquecendo muito o visual. Em vez de uma *ganache* escura, você pode optar por *ganaches* brancas ou coloridas, obtendo um bolo de rosas de várias tonalidades diferentes.

A confecção das rosas é mais simples do que parece. Elas nada mais são que o desenho de uma espiral, e o floreado das pétalas é resultado dos dentes do bico de confeiteiro. O resultado final não é fascinante?

**Rendimento:**

1 bolo com 25 cm de diâmetro

**Ingredientes:**

*Bolo:*

* 330 g de farinha de trigo
* 4 g de fermento em pó
* 4 g de bicarbonato de sódio
* 200 ml de água
* 100 g de manteiga derretida mais o suficiente para untar
* 60 g de cacau em pó, mais o suficiente para untar
* 180 g de chocolate meio amargo picado
* 6 ovos (médio)
* 220 g de açúcar refinado
* 200 ml de óleo
* 120 g de creme de leite

*Calda:*

* 350 ml de leite
* 35 g de cacau em pó
* 40 g de açúcar refinado

*Ganache ao leite:*

* 750 g de chocolate ao leite
* 450 g de creme de leite
* 30 ml de conhaque (opcional)

*Caso não goste de trabalhar com sacos de confeiteiro, certamente você pode fazer este bolo com acabamento espatulado.*

*Ganache meio amarga:*

- 600 g de chocolate meio amargo
- 320 g de creme de leite
- 60 g de manteiga derretida
- 15 g de mel

## Materiais:

Papel-manteiga

Saco de confeiteiro com bico estrela grande

**Modo de fazer:**

*Bolo:*

Preaqueça o forno a 180 °C.

Forre o fundo de duas assadeiras redondas com 20 centímetros de diâmetro com papel-manteiga. Unte o fundo e as laterais com manteiga e polvilhe com cacau em pó.

Em uma tigela, peneire a farinha de trigo, o fermento e o bicarbonato. Reserve.

Em uma panela, adicione a água, a manteiga e o cacau em pó. Leve ao fogo até obter um creme homogêneo. Desligue o fogo, adicione o chocolate picado e misture até derreter completamente. Reserve.

Em outra tigela, bata os ovos com um *fouet* e acrescente o açúcar. Junte o óleo e o creme de leite. Em seguida, a mistura de chocolate e, por último, a tigela de secos, adicionando aos pouco. Misture delicadamente.

Divida a mistura nas duas formas preparadas. Leve ao forno preaquecido por cerca de 50 minutos ou até que um palito saia seco ao ser espetado. Deixe o bolo esfriar, coberto com um pano, e só então desenforme.

*Calda:*

Coloque todos os ingredientes em uma panela. Leve ao fogo até obter fervura. Deixe esfriar completamente antes de aplicar sobre o bolo.

*Ganache ao leite:*

Derreta o chocolate em banho-maria ou na potência média de seu micro-ondas por cerca de 3min30s ou até que esteja completamente derretido. Adicione o creme de leite e misture vigorosamente até obter uma mistura lisa e sem grumos. Acrescente o conhaque e misture até ficar homogêneo. Deixe estabilizar por cerca de 30 minutos na geladeira ou até que esteja cremosa e firme.

*Ganache meio amarga:*

Derreta o chocolate em banho-maria ou na potência média de seu micro-ondas por cerca de 3 minutos ou até que esteja completamente derretido. Adicione o creme de leite e misture vigorosamente até obter uma mistura lisa e sem grumos. Acrescente a manteiga derretida e o mel e misture até ficar homogêneo. Deixe estabilizar por cerca de 30 minutos em temperatura ambiente ou até que esteja cremosa.

*Montagem:*

Nivele os bolos, corte-os no meio e umedeça as 4 partes com 100 gramas de calda. Monte o bolo, intercalando os discos com cerca de 250 gramas da *ganache* ao leite. Com o auxílio de uma espátula, cubra delicadamente o bolo com a *ganache* ao leite restante.

Coloque a *ganache* meio amarga em um saco de confeiteiro com bico estrela grande. Faça espirais, iniciando de dentro para fora, formando rosas. Preencha toda a lateral e a parte superior do bolo com as rosas.

**Utilizado:**

Chocolate de cobertura ao leite e meio amargo nacionais.

# Bolo de rosas com folhas de chocolate

Este bolo decorado com rosas naturais e folhas de chocolate se encaixa em diversas ocasiões apenas trocando a cor das flores: um tom champanhe é perfeito para o Dia das Mães, vermelhas, para o Dia dos Namorados, e amarelas ou rosas, para um aniversário. O bolo fica tão bonito, poético e decorativo que não é necessário investir em decoração extra para a mesa de doces.

Para não criar transtornos em sua montagem, você pode assar o bolo com antecedência e congelá-lo por até trinta dias. Para descongelar é só deixá-lo duas horas em temperatura ambiente. As folhas de chocolate podem ser preparadas na semana anterior do evento e guardadas em latas inodoras e em temperatura ambiente. Outra dica é encapar o cabinho das rosas com papel-alumínio antes de colocá-las sobre o bolo.

**Rendimento:**

1 bolo com 21 cm de diâmetro

**Ingredientes:**

*Bolo:*

* 150 g de farinha de trigo
* 30 g de cacau em pó
* 60 ml de leite
* 20 g de manteiga sem sal
* 5 ovos (extra)
* 180 g de açúcar refinado

*Calda:*

* 80 g de açúcar
* 120 ml de água
* 30 ml de Cointreau ou licor de sua preferência

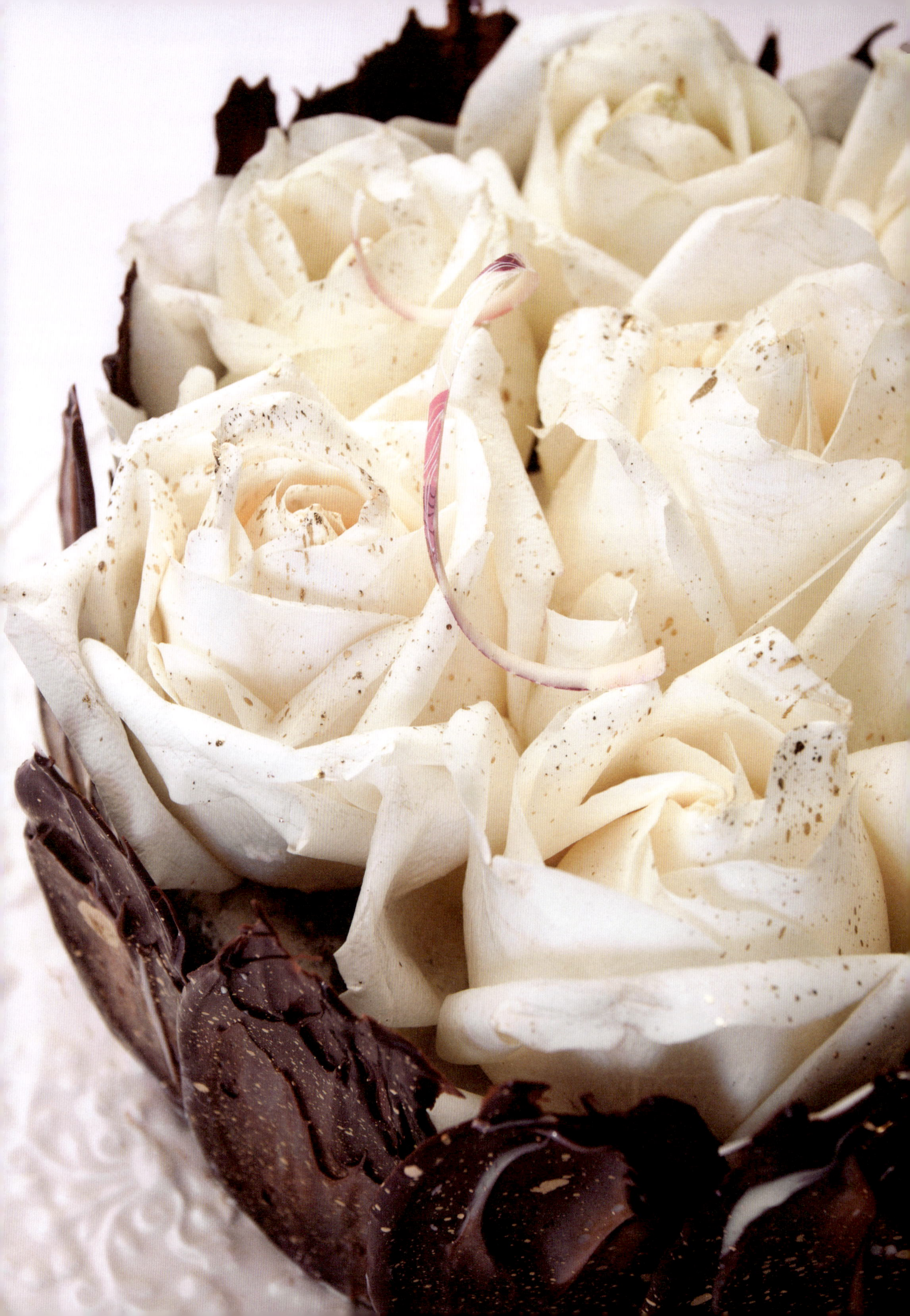

*Recheio e cobertura:*

- 350 g de creme de leite fresco gelado
- 20 g de açúcar
- 1 caixinha de morangos picados
- 50 g de suspiros esfarelados

*Folhas de chocolate:*

- 450 g de chocolate meio amargo
- 50 g de chocolate branco
- Gel dourado comestível (opcional)

**Materiais:**

Papel-manteiga

Trincha culinária (se necessário)

**Modo de fazer:**

*Bolo:*

Preaqueça o forno a 180 °C.

Forre o fundo de uma assadeira de aproximadamente 21 centímetros de diâmetro com papel-manteiga.

Peneire em uma tigela a farinha e o cacau em pó. Reserve.

Em uma panela, disponha o leite e a manteiga e leve ao fogo até derreter a manteiga.

Em outra tigela, bata os ovos e o açúcar até obter um creme volumoso, firme e esbranquiçado. Agregue a farinha nessa mistura e mexa delicadamente com uma espátula. Despeje a mistura de leite e manteiga e mexa apenas o suficiente para homogeneizar.

Entorne a massa sobre a assadeira e leve ao forno por 45 a 50 minutos. Faça o teste do palito: espete-o e ele deve sair seco. Retire da assadeira quando morno e deixe esfriar por completo sobre uma grelha.

*Calda:*

Junte o açúcar e a água em uma panelinha e leve ao fogo. Deixe ferver por cerca de 5 minutos, até dissolver todo o açúcar. Apague a chama e deixe esfriar. Junte o Cointreau e reserve.

*Recheio e cobertura:*

Bata o creme de leite com o açúcar até obter ponto de chantili. Reserve.

Corte os morangos em pedaços e esfarele o suspiro. Reserve.

*Folhas de chocolate:*

A lateral do bolo foi toda forrada com "folhas" feitas de chocolate meio amargo, com detalhes em chocolate branco.

Forre as costas de uma assadeira com uma folha de papel-manteiga.

Prepare os chocolates seguindo as instruções do capítulo "Tratamento de realeza", isto é, derreta em temperatura mediana e faça a temperagem apropriada.

Coloque uma pequena quantidade dos chocolates na superfície forrada e vá passando as costas de uma colher sobre eles, distribuindo-os e mesclando-os de maneira a dar a forma de uma folha. Faça cerca de 25 folhas com aproximadamente 11 X 5 centímetros. Feito esse processo, leve à geladeira por 5 minutos para que cristalizem.

Caso deseje, respingue gel dourado comestível sobre as folhas com o auxílio de uma trincha culinária.

*Folhas de chocolate modeladas com as costas da colher, cristalizadas e decoradas com respingos de gel dourado.*

*Montagem:*

Corte o bolo no meio, separando-o em duas camadas. Regue a primeira camada de bolo com metade da calda. Cubra com cerca de 150 gramas do chantili, os morangos picados e os suspiros quebrados. Umedeça a segunda camada de bolo com a calda, deite-a sobre o recheio e cubra com o restante do chantili.

Aplique as folhas na lateral do bolo e enfeite o topo com rosas naturais.

**Utilizado:**

Chocolate de cobertura branco e meio amargo nacionais, creme de leite fresco com 35% de gordura e cacau em pó nacional.

As minhas receitas
preferidas do blog
Chocolatria

# Bolo cremoso de chocolate e café

Esse bolo é uma releitura do tradicional bolo Suzy. Um bolo exageradamente gostoso, extremamente úmido, denso e capaz de fazer qualquer chocólatra morrer de emoção.

A foto pecaminosa e tentadora da calda sendo derramada sobre o bolo úmido e escuro fez muitos leitores jurarem amor eterno ao blog. Tantos outros vestiram o avental imediatamente para reproduzir a gostosura em suas cozinhas. O único cuidado que aconselho é com relação ao tempo de forno, para que ele não fique seco e sem graça.

**Rendimento:**

1 assadeira com 22 cm de diâmetro

**Ingredientes:**

*Bolo:*

- 200 g de chocolate ao leite picado
- 200 g de manteiga sem sal em temperatura ambiente mais o suficiente para untar
- 5 ovos (médio)
- 85 g de açúcar
- 90 g de farinha de trigo
- 35 g de café em pó solúvel
- Chocolate em pó para untar

*Calda:*

- 100 g de chocolate amargo picado
- 20 g de manteiga sem sal
- 45 g de açúcar refinado
- 75 g de creme de leite
- 5 g de pó de café solúvel

**Material:**

Papel-manteiga

**Modo de fazer:**

*Bolo:*

Preaqueça o forno a 180 °C.

Forre uma forma de fundo falso redonda com cerca de 22 centímetros de diâmetro com papel-manteiga, unte com manteiga e polvilhe com chocolate em pó.

Derreta o chocolate e a manteiga em banho-maria ou na potência média do micro-ondas por cerca de 2 minutos ou até derreter.

Bata os ovos até ficarem espumantes. Junte os ovos, o açúcar e a mistura de chocolate e manteiga e envolva bem. Por último, adicione a farinha de trigo peneirada e o café.

Verta a massa na forma e leve ao forno preaquecido por cerca de 40 minutos. Para descobrir se o bolo está no ponto, após formada a crostinha no topo, apalpo delicadamente a superfície com a mão. Ela deve estar craquelada e bem molinha. Retire do forno e cubra com um pano. Desenforme morno-frio.

*Calda:*

Derreta o chocolate e a manteiga em banho-maria ou na potência média do micro-ondas por cerca de 1min30s ou até derreter.

Junte o açúcar, o creme de leite e o café. Misture vigorosamente com um *fouet*, até obter uma calda lisa, sem grumos e brilhante. Aplique sobre o bolo.

**Utilizado:**

Chocolate ao leite, com 33,6% de cacau, e amargo, com 53,8% de cacau, ambos belgas.

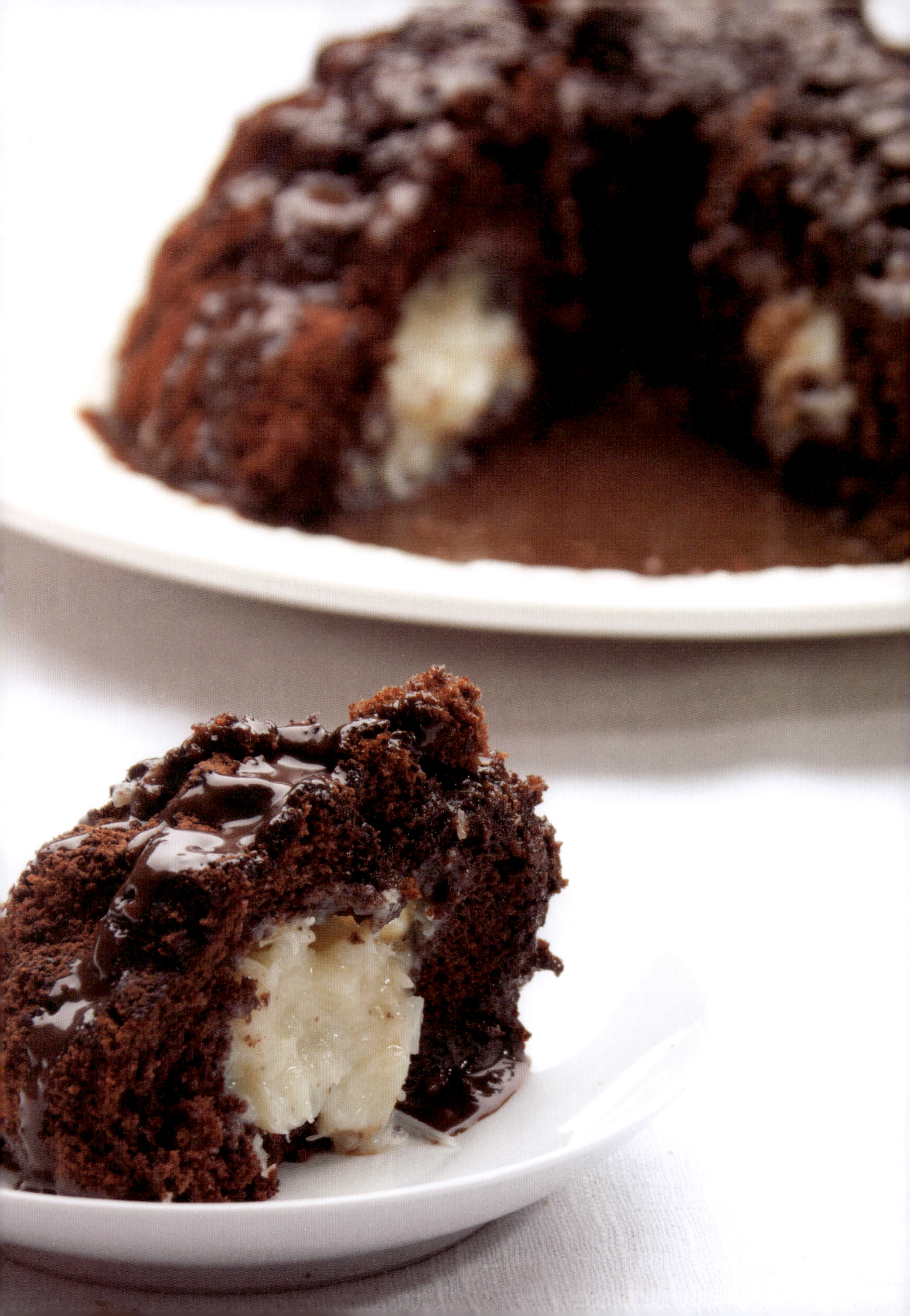

# Bolo cocolati

Que tentação intitular esse bolo com um nome óbvio, sinônimo enraizado na cultura do povo brasileiro, da união esplendorosa do chocolate com o coco.

Graças às geniais contribuições dos leitores com sugestões de nome para este bolo (bolo sucesso, chococolatria, *absolutely*, *fabulous cake*, *chococo*, *coconut*, *cokito*, *nuvem de coco*, *chocokito*, *coco loco*, *cocake*, *buelo de cueco*, *chic--chiquetê-chocotê*, *chiquelat*, *cocochoco*…), vi que com um tantico de inspiração e criatividade podemos, sim, evitar o clichê!

O meu preferido foi o nome "bolo cocolate". Uma pequena variação em sua terminação para uma sonoridade lúdica gostosa e *voilà*: um divino bolo de cocolati.

**Rendimento:**

1 bolo grande, feito em assadeira de 2 l

**Ingredientes:**

*Bolo:*

* 4 ovos (extra)
* 215 g de açúcar
* 40 g de cacau em pó
* 240 g de leite
* 120 g de óleo
* 240 g de farinha de trigo
* 15 g de fermento em pó
* Óleo ou manteiga para untar
* Chocolate em pó para untar

*Recheio de coco:*

* 100 g de coco em flocos
* 1 vidro de leite de coco
* 395 g de leite condensado

*Cobertura:*

* 200 g de leite condensado
* 15 g de manteiga sem sal
* 10 g de chocolate em pó
* 5 g de cacau em pó
* 30 ml de leite

**Modo de fazer:**

*Bolo:*

Preaqueça o forno a 180 °C.

Unte uma forma com óleo ou manteiga e polvilhe com chocolate em pó.

Separe as gemas das claras. Bata as gemas com o açúcar até obter uma mistura homogênea e cremosa. Junte os demais ingredientes na ordem mencionada: o cacau em pó, o leite, o óleo, a farinha de trigo e por último o fermento.

Bata as claras em neve e adicione à mistura envolvendo delicadamente.

Verta essa mistura na forma e leve para assar por cerca de 40 minutos ou até que, ao ser espetado, o palito saia seco.

*Recheio de coco:*

Misture todos os ingredientes e leve ao fogo até obter uma cocada bem cremosa. Deixe esfriar.

*Cobertura:*

Misture todos os ingredientes e leve ao fogo até obter um brigadeiro bem fluido. Deixe amornar.

*Montagem:*

Corte o bolo em duas camadas. Aplique o recheio em uma das camadas e deite a outra camada por cima do recheio. Cubra todo o topo e as laterais com a cobertura.

**Utilizado:**

Chocolate em pó com 50% de cacau nacional.

# Bolo Trovão de brigadeiro e cereja

Esse bolo foi feito especialmente para a minha querida amiga Trovão, que já fez até terapia para se livrar do bendito vício pelo *Theobroma cacao*... em vão, é claro.

Como não nos vemos regularmente em razão da distância que nos separa, os nossos encontros são sempre comemorados com muita comilança, gargalhadas e doses exageradas de açúcar.

Trovão não liga para doces equilibrados e saudáveis. Gosta do doce açucarado, achocolatado ao extremo e com sabor de infância. Com base nisso, apresento-lhes o bolo Trovão de brigadeiro e cereja com sabor de festa.

**Rendimento:**

1 bolo com 25 cm de diâmetro

**Ingredientes:**

*Bolo:*

* 300 g de farinha de trigo mais o suficiente para untar
* 1 pitada de sal
* 3 g de fermento em pó
* 3 g de bicarbonato de sódio
* 150 ml de água
* 45 g de cacau em pó
* 150 g de chocolate meio amargo picado
* 4 ovos (extra)
* 165 g de açúcar refinado
* 150 ml de óleo
* 150 g de creme de leite
* Manteiga para untar

*Calda:*

* 360 ml de licor de marrasquino

*Brigadeiro cremoso com cerejas:*

* 395 g de leite condensado
* 300 ml de creme de leite
* 15 g de cacau em pó
* 15 g de chocolate em pó

*Para a montagem:*

* 75 g de chocolate meio amargo picado
* 180 g de cerejas inteiras

*Asas de chocolate:*

* Cerca de 200 g de chocolate meio amargo

*Sugestão de decoração:*

* Brigadeiro *gourmet express* da página 126
* Cerejas com cabo
* *Split* ou granulado

**Material:**

Papel-manteiga

**Modo de fazer:**

*Bolo:*

Preaqueça o forno a 180 °C.

Forre o fundo de uma assadeira com 25 cm de diâmetro com papel-manteiga. Unte com manteiga e polvilhe farinha no fundo e na lateral.

Em uma tigela, junte a farinha de trigo, o sal, o fermento e o bicarbonato. Reserve.

Em uma panela, ferva a água e desligue o fogo. Acrescente o cacau em pó e o chocolate meio amargo picado. Misture até o chocolate derreter completamente. Reserve.

Em outra tigela, bata os ovos com um *fouet* e acrescente o açúcar. Misture bem e acrescente o óleo e o creme de leite. Junte a mistura de chocolate e, por último, a mistura de secos, adicionando aos pouco e envolvendo delicadamente.

Verta a mistura sobre a forma preparada e leve ao forno preaquecido por 50 a 55 minutos, ou até que, ao espetar um palito, ele saia seco.

*Brigadeiro cremoso com cerejas:*

Em uma panela de fundo grosso, coloque o leite condensado, o creme de leite, o cacau em pó, o chocolate em pó e leve ao fogo até obter fervura. Após a fervura, abaixe o fogo e cozinhe até obter o ponto de mingau grosso. Esfrie e leve à geladeira por cerca de 30 minutos antes de aplicar.

*Asas de chocolate:*

Forre as costas de uma assadeira com uma folha de papel-manteiga.

Prepare o chocolate seguindo as instruções do capítulo "Tratamento de realeza", isto é, derreta em temperatura mediana e faça a temperagem apropriada.

Coloque uma pequena quantidade do chocolate na superfície forrada e vá passando as costas de uma colher sobre ele, distribuindo-o de maneira a dar a forma de uma asa. Faça cerca de 25 folhas com aproximadamente 5 X 10 centímetros. Feito esse processo, leve à geladeira por 5 minutos para que cristalizem.

*Montagem:*

Nivele o bolo e corte no meio, obtendo duas camadas. Umedeça cada parte com o licor de marrasquino. Coloque metade do brigadeiro cremoso sobre uma das camadas. Sobre o brigadeiro, espalhe as cerejas e o chocolate meio amargo picado. Disponha a outra camada e cubra com o restante do brigadeiro. Decore com *split* ou granulado, asas de chocolate, brigadeiros e cerejas.

**Utilizado:**

Chocolate de cobertura meio amargo nacional, *split* ao leite 9D e cacau em pó belgas.

# *Brownie* duplo de chocolate e avelã

Para celebrar o fim de mais uma dieta fracassada, invoquei o santo Theobroma Cacao na minha cozinha, clamando por uma de suas versões mais maléficas na visão de um chocólatra: um devastador *brownie* duplo de chocolate com avelãs da melhor espécie. Delicioso.

Esta receita foi adaptada de minha "bíblia" do chocolate: *The golden book of chocolate*. Um livro com mais de trezentas receitas, todas ilustradas com fotos tentadoras.

Sim, este texto ficou com apelo religioso. Invoquei o meu santo particular, consultei a minha bíblia de cabeceira e cometi o pecado da gula. Contudo, mais do que justificado, não acha?

**Rendimento:**

1 assadeira com 20 X 30 cm

**Ingredientes:**

- 150 g de manteiga sem sal
- 250 g de chocolate meio amargo picado
- 4 ovos (extra)
- 150 g de açúcar
- 100 g de açúcar mascavo
- ½ colher (chá) de sal
- Baunilha a gosto
- 150 g de farinha de trigo
- 180 g de chocolate ao leite picado
- 60 g de avelãs tostadas e grosseiramente picadas

**Material:**

Papel-alumínio ou manteiga

**Modo de fazer:**

Preaqueça o forno a 180 °C.

Forre uma assadeira com 20 X 30 centímetros, com papel-alumínio ou manteiga, deixando sobrar papel nas laterais, para facilitar na hora de desenformar o bolo.

Junte a manteiga e o chocolate e os deixe por cerca de 3 minutos na potência média do micro-ondas, ou até que estejam derretidos. Misture bem e reserve.

Em uma tigela, bata os ovos e os açúcares até ficar cremoso – a receita original pede por batedeira, mas fiz tudo na mão. Junte o sal, a mistura do chocolate e a baunilha. Adicione gradualmente a farinha e, por último, os pedacinhos de chocolate ao leite e as avelãs.

Despeje a mistura na assadeira preparada e leve para assar por cerca de 30 minutos, até firmar. Cuidado com o ponto: o interior ainda deve estar bem pegajoso e molinho para que, quando esfrie, continue cremoso. Esfrie por completo e só então retire o *brownie* da assadeira. Se quiser, deixe no freezer por uns 10 minutos depois de frio. Isto facilita na hora da retirada. Sirva em temperatura ambiente.

**Utilizado:**

Chocolate de cobertura meio amargo nacional.

# Cookie monstro de confeitos

*Megacookie... cookie-pizza... cookie monster* de confeitos de chocolate... escolha o seu nome preferido!

A minha filhota e os meus sobrinhos adoraram o visual desse *cookie*. Eu simplesmente amei confeccioná-lo e já imagino várias outras versões de *cookies* na forma de pizza. Não é prático e o formato, divertido?

A versão deste livro é uma mistura de duas receitas adoradas do blog: o visual do *cookie* monstro colorido com a sublime massa do *cookie* triplo de chocolate.

*Cookie* para nenhuma criança exigente botar defeito!

**Rendimento:**

1 *cookie* monstro de 35 cm de diâmetro

**Ingredientes:**

- 275 g de chocolate meio amargo picado
- 150 g de farinha de trigo
- 30 g de cacau em pó
- 1 colher (chá) de bicarbonato de sódio
- ½ colher (chá) de sal
- 125 g de manteiga em temperatura ambiente
- 75 g de açúcar mascavo
- 50 g de açúcar
- Baunilha a gosto
- 1 ovo (grande) batido gelado

*Para decorar:*
- Pastilhas coloridas de chocolate

**Material:**

- Papel-alumínio

**Modo de fazer:**

Preaqueça o forno a 180 °C.

Forre uma assadeira de pizza com papel-alumínio.

Derreta 125 gramas do chocolate meio amargo em banho-maria ou na potência média do micro-ondas por cerca de 1min30s ou até que esteja completamente derretido. Reserve.

Em uma tigela, misture a farinha, o cacau, o bicarbonato de sódio e o sal. Reserve.

Em outra tigela, bata a manteiga e os dois tipos de açúcar. Junte o chocolate derretido e misture bem. Adicione a baunilha e o ovo gelado e continue misturando. Junte os ingredientes secos e, por fim, acrescente os 150 gramas restantes do chocolate picado.

Espalhe a massa sobre a assadeira, nivelando. Espalhe as pastilhas coloridas sobre a massa, fazendo uma leve pressão para aderirem à massa. Asse por cerca de 40 minutos. Deixe o *cookie* esfriar na própria assadeira para só então desenformar. Corte em pedaços.

**Utilizado:**

Chocolate de cobertura meio amargo nacional.

# Geleia de banana e chocolate

Se você gosta da combinação de banana e chocolate, tenha certeza: esta é uma das melhores sobremesas de colher que você pode imaginar. É chamada de geleia, mas o resultado é tão substancioso, rico e doce que, se você for um pouquinho parecido(a) comigo, findará o pote às colheradas, sem interferências de torradas, pães ou semelhantes.

Desde a primeira vez que vi a receita no blog Sabor Saudade, comecei a ter pesadelos com bananas suplicando para virarem geleia. Devaneios à parte, tacar a panela no fogão foi um processo não muito demorado, terapêutico e bem prazeroso. A casa é tomada pelo aroma da banana e da canela e, à medida que a mistura encorpa e toma cor, você se rende aos prazeres de fazer uma geleia caseira natural e sem conservantes.

**Rendimento:**

Cerca de 1,5 kg

**Ingredientes:**

* 300 ml de suco de laranja
* 300 g de açúcar mascavo
* 1 pau de canela
* 1 kg de bananas maduras picadas (cerca de 10 bananas)
* Suco e raspas de 1 limão siciliano
* 150 g de chocolate meio amargo ou amargo em pedaços

**Material:**

Potes esterilizados

*Esterilize potes de vidro e suas tampas em água fervente por cerca de 15 minutos. Com uma pinça, retire os potes e deixe escorrer a água.*

### Modo de fazer:

Em uma panela grande e de fundo grosso, coloque o suco de laranja, o açúcar mascavo, o pau de canela, o suco do limão e as suas raspas. Após fervura, mantenha a temperatura por cerca de mais 5 minutos e só então despeje as bananas picadinhas. Misture bem e deixe cozinhando em fogo baixo por cerca de 30 minutos, mexendo ocasionalmente.

No final do cozimento, mexa com maior frequência, pois o fundo pode começar a queimar. Desligue o fogo e adicione o chocolate quebrado em pedaços e misture até derreter e incorporar. Retire o pau de canela e encha os potes previamente esterilizados.

### Utilizado:

Banana do tipo nanica e chocolate amargo belga com 53,8% de cacau.

# Pavê de brigadeiro

Pavê de brigadeiro... Rápido, conforto total e sonhos com ele...
Não há segredos de execução, mas acredito que todos os ingredientes mencionados abaixo são essenciais para um equilíbrio de texturas perfeito.
Cremosidade e crocância = perfeição.

**Rendimento:**

1 taça com cerca de 22 cm de diâmetro

**Ingredientes:**

*Brigadeiro mole:*

* 790 g de leite condensado
* 500 g de creme de leite
* 30 g de chocolate em pó

*Para a montagem:*

* 200 g de biscoito maisena
* Leite para banhar os biscoitos
* 200 g de chocolate meio amargo picado
* Chocolate em lascas para decorar

**Modo de fazer:**

*Brigadeiro mole:*

Em uma panela, coloque o leite condensado, o creme de leite e o chocolate em pó e leve ao fogo até obter fervura. Após a fervura, abaixe o fogo e cozinhe até obter o ponto de mingau mole. Deixe esfriar completamente.

*Montagem:*

Umedeça os biscoitos no leite. Reserve. Escolha um recipiente bonito e faça a montagem: uma porção de brigadeiro, biscoitos umedecidos, brigadeiro, chocolate picado. Repita o processo até preencher a vasilha. Finalize com uma porção de brigadeiro e chocolate em lascas. Mantenha na geladeira e retire 10 minutos antes de servir.

**Utilizado:**

Chocolate em pó com 50% de cacau e chocolate de cobertura meio amargo nacional.

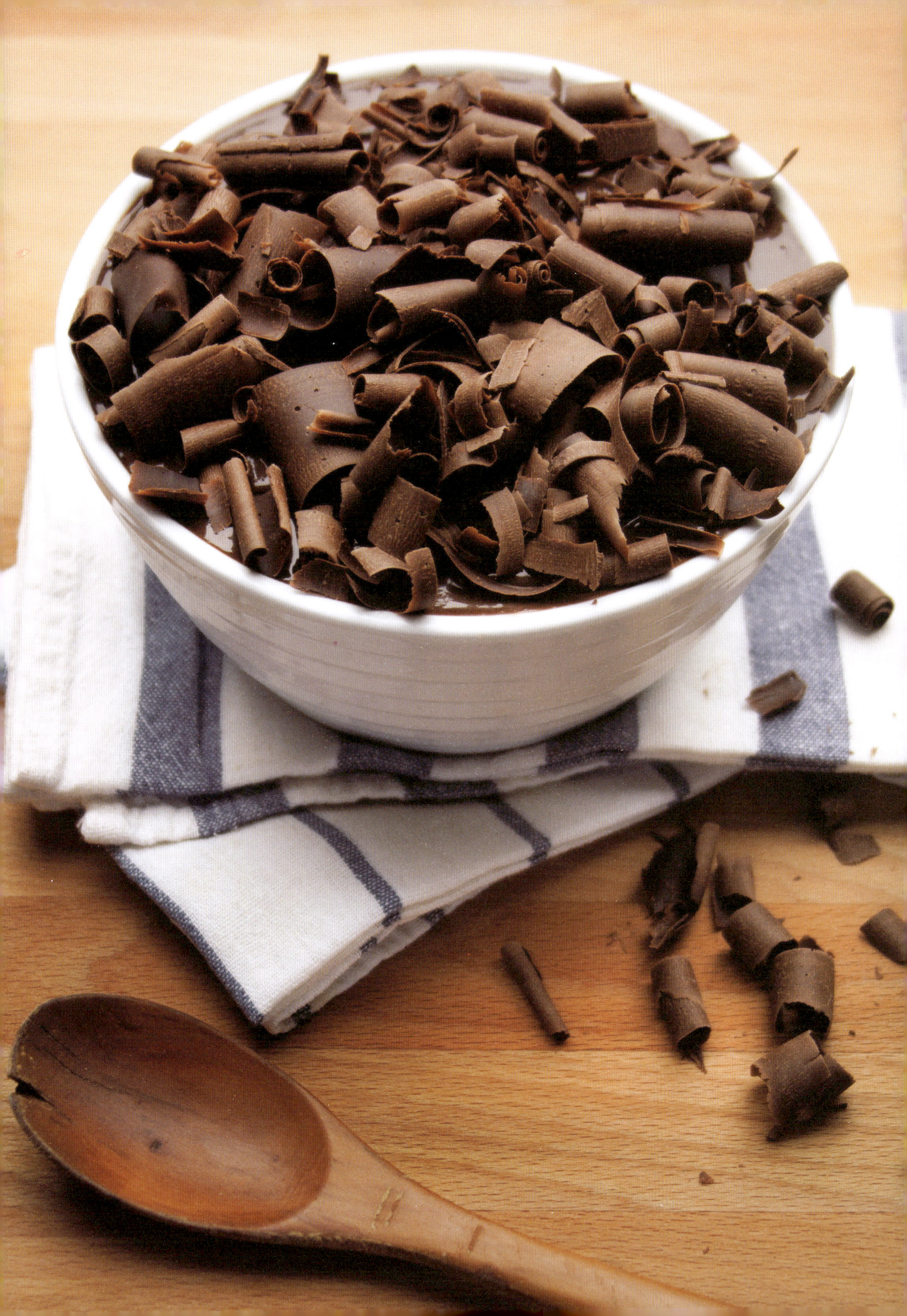

# Torta de bananas carameladas e doce de leite

Estava eu com o corpo inerte e estirado no sofá no finzinho de um domingo qualquer, hipnotizada pela televisão. Um raro e delicioso momento de ócio. Divinha chega aos saltos, vestindo o avental e munida de um *fouet* em uma das mãos. Ela deseja cozinhar.

Divinha é pura alegria quando tem a oportunidade de colocar a mão na massa. Apesar de crescer em um ambiente de produção, são raras as oportunidades que tenho de cultivar esse hábito saudável com ela. Mas é um esforço que vale muito a pena. A partir do momento que você o vivencia, vê nitidamente os verdadeiros valores e pérolas da vida.

Cozinhar com ela me faz bem.

**Rendimento:**

1 torta com 25 cm de diâmetro

**Ingredientes:**

*Base:*

* 250 g de farinha de trigo
* 30 g de açúcar refinado
* 150 g de manteiga cortada em cubinhos
* Colheradas de água (se necessário)

*Recheio:*

* 4 bananas médias
* 80 g de chocolate meio amargo
* 395 g de doce de leite
* Açúcar refinado para polvilhar
* Canela em pó para polvilhar

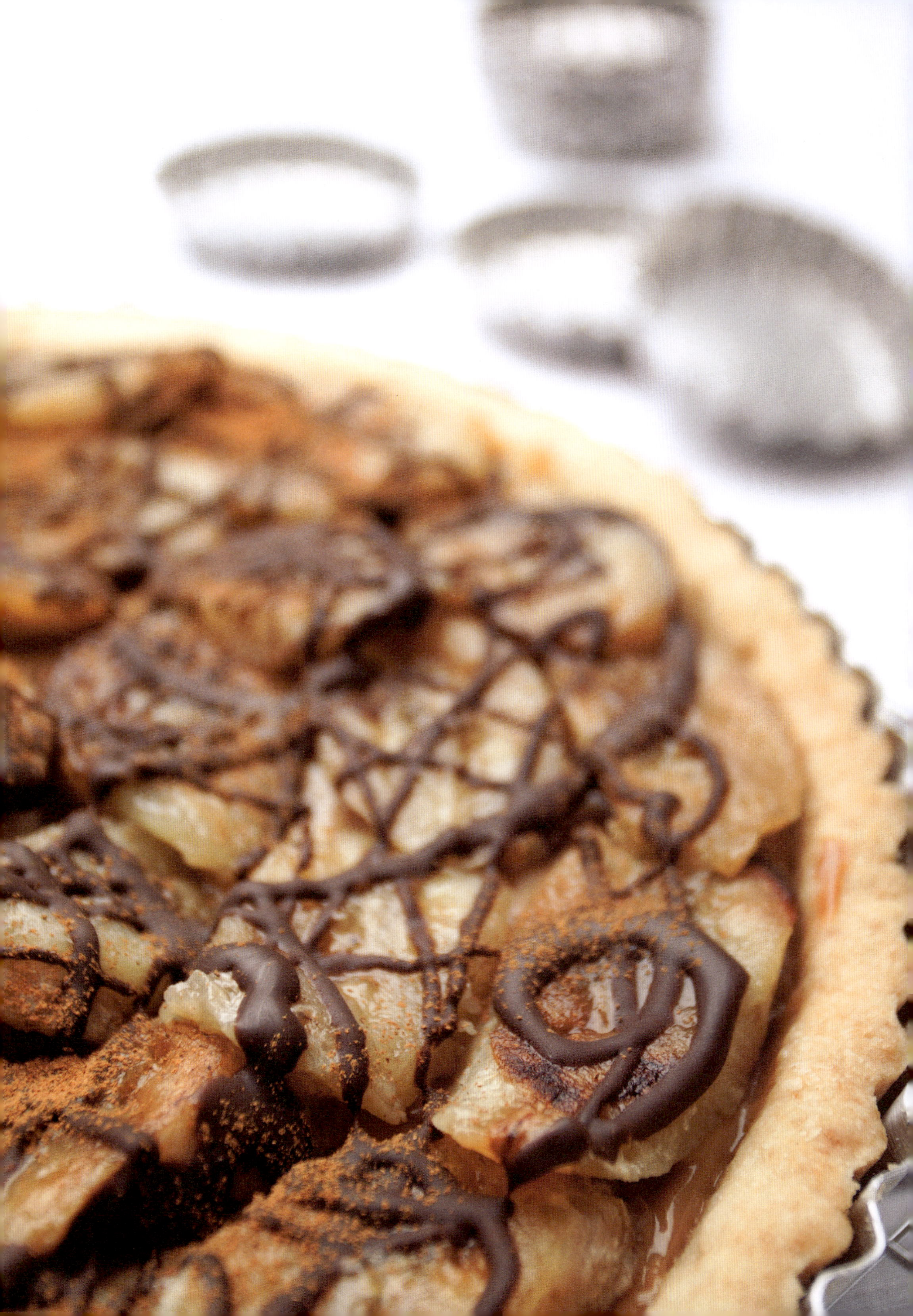

**Modo de fazer:**

*Base:*

Preaqueça o forno a 180 °C.

Sove todos os ingredientes até obter uma massa lisa e homogênea. Se a massa estiver meio seca, adicione um pouco de água. Forre uma forma de fundo removível com 25 centímetros de diâmetro com a massa, fure a superfície com um garfo e leve para assar em forno preaquecido por 20 a 25 minutos, ou até que esteja dourada. Deixe esfriar.

*Recheio:*

Corte as bananas em diagonal, em fatias de cerca de 0,5 centímetro, e caramele em uma frigideira antiaderente polvilhada com açúcar refinado. Caramelize dos dois lados, até obter um belo tom dourado. Não é necessário uma quantidade exagerada de açúcar, uma fina camada já é suficiente. Reserve.

Derreta o chocolate no banho-maria ou na potência média do micro-ondas por cerca de 1 minuto, ou até que derreta completamente. Reserve.

*Montagem:*

Espalhe o doce de leite sobre a massa fria. Distribua as bananas carameladas, polvilhe a canela em pó e, com o auxílio de uma colherzinha, faça traços aleatórios com o chocolate derretido quente. Sirva em seguida.

**Utilizado:**

Bananas do tipo nanica maduras e chocolate de cobertura meio amargo nacional.

# *Flan* de chocolate

Este *flan* é uma perdição. A própria palavra já não é puro deleite? *Flaaannnnnnn…*

Esta receitinha foi extraída de um livro do tipo "relíquia", recebido de presente de uma querida senhora chamada dona Júlia. O grande e pesado livro foi adquirido em uma promoção, em meados de 1990. Dona Júlia comprou de uma só vez oitenta latas de leite condensado em troca do livro. Vinte anos depois, sabendo que adoro cozinhar, ela gentilmente me deu o livro de presente, com dedicatória e tudo. Adorável.

**Rendimento:**

1 *flan* com 20 cm de diâmetro

**Ingredientes:**

- 1 envelope de gelatina em pó sem sabor
- 200 g de chocolate meio amargo picado
- 595 ml de água
- 395 g de leite condensado
- Raspas de 1 laranja

**Modo de fazer:**

Junte 75 mililitros de água à gelatina em pó. Misture bem e leve em banho-maria ou na potência alta do micro-ondas por 10 segundos para dissolver. Reserve.

À parte, misture o chocolate com 240 mililitros de água. Leve ao fogo em banho-maria para derreter.

Coloque em uma tigela o leite condensado e 280 mililitros de água. Junte o chocolate derretido, as raspas de laranja e a gelatina reservada. Misture bem.

Molhe uma forma redonda com buraco no meio e despeje a mistura. Leve à geladeira por no mínimo 4 horas. Para desenformar, mergulhe delicadamente o fundo e a lateral da forma em uma tigela com água quente por alguns segundos e desgrude a lateral com o auxílio de uma faca lisa.

**Utilizado:**

Chocolate de cobertura meio amargo nacional.

*Você pode substituir 1 envelope de 12 g de gelatina em pó por 6 folhas de gelatina sem sabor.*

# Tulipas de chocolate

Sou apaixonada por estas delicadas tulipas de chocolate.

A confecção pode parecer brincadeira de criança, mas não se engane. O chocolate precisa estar perfeitamente temperado e as mãos precisam ser leves para confeccionar as pétalas com perfeição.

Você pode usar qualquer tipo de chocolate e até mesclar uma cor com outra durante o banho, para obter um efeito marmorizado.

Se o acabamento das bordas for reto, em vez de pétalas, você terá um mimo de tacinha individual comestível, que também pode receber os mais variados recheios: pudins, musses, sorvetes, balinhas de goma, confeitos de chocolate ou o que a sua imaginação permitir.

**Rendimento:**

10 tulipas

**Ingredientes:**

*Tulipa:*

* Cerca de 500 g de chocolate branco
* Corante rosa para chocolate

*Ganache de coco:*

* 150 g de chocolate branco
* 75 g de creme de leite
* 60 g de flocos de coco desidratados
* 30 g de leite de coco

*Ganache de maracujá:*

* 150 g de chocolate branco
* 30 g de suco de maracujá
* 75 g de creme de leite

**Materiais:**

Bexigas tamanho zero

Papel-manteiga

Saco de confeiteiro com bico estrela grande

*Se a bexiga for a de tamanho zero, uma camada já é suficiente para receber o recheio desejado.*

**Modo de fazer:**

*Tulipa:*

Forre as costas de uma assadeira com papel-manteiga. Encha os balões até o tamanho desejado.

Derreta o chocolate no banho-maria ou na potência média do micro-ondas por cerca de 3min30s, ou até que esteja completamente derretido, e faça a temperagem apropriada, seguindo as instruções do capítulo "Tratamento de realeza".

Tinja o chocolate branco com o corante rosa. Disponha o chocolate em um recipiente fundo que lhe permita banhar as bexigas tranquilamente. Banhe a bexiga segurando-a pela ponta e faça movimentos na diagonal, em direções diferentes, para formar as pétalas. Coloque a bexiga banhada de pé sobre a assadeira forrada e leve à geladeira por 5 minutos para cristalizar. Fure a bexiga e a retire com cuidado, restando apenas a tulipa de chocolate.

*Ganache de coco:*

Derreta o chocolate branco no banho-maria ou na potência média do micro-ondas por cerca de 2 minutos ou até que esteja completamente derretido. Reserve.

Em uma tigela, junte o creme de leite, os flocos de coco e o leite de coco. Verta a mistura no chocolate derretido e misture bem, até ficar homogêneo. Leve à geladeira até obter o ponto para confeitar.

*Ganache de maracujá:*

Derreta o chocolate branco no banho-maria ou na potência média do micro-ondas por cerca de 2 minutos ou até que esteja completamente derretido. Reserve.

Em uma tigela, junte o suco de maracujá e o creme de leite. Verta a mistura no chocolate derretido e mexa bem, até ficar homogêneo. Leve à geladeira até obter o ponto para confeitar.

*Montagem:*

Coloque uma colherada cheia (cerca de 30 gramas) de *ganache* de coco na tulipa.

Aplique a *ganache* de maracujá com um saco de confeiteiro usando o bico estrela grande para decorar.

**Utilizado:**

Chocolate de cobertura branco nacional, creme de leite UHT com 25% de gordura, corante líquido rosa para chocolate e flor centáurea azul desidratada para decorar.

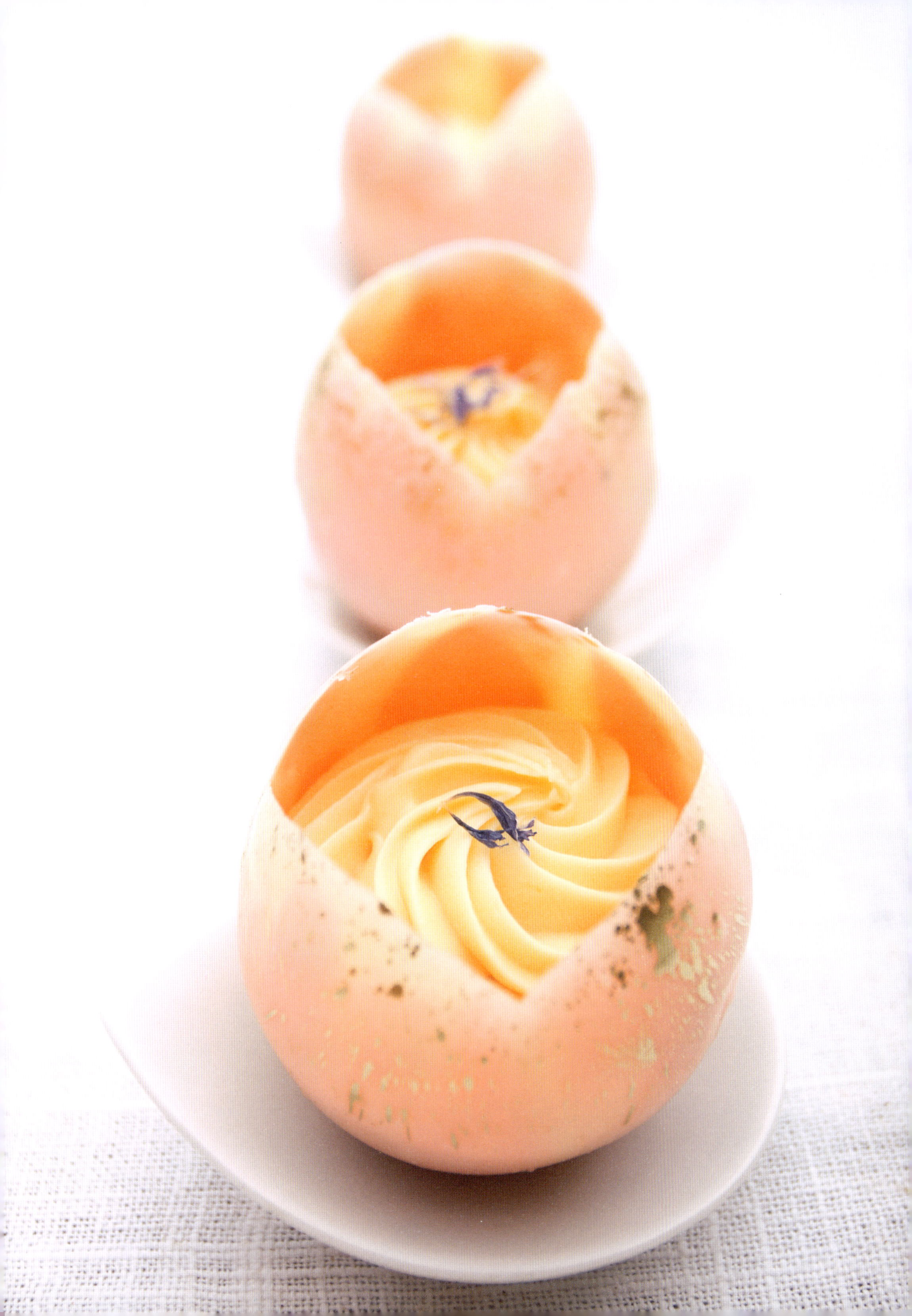

# Agradecimentos

Agradeço ao meu marido, companheiro, amigo, braço direito e "sr. Chocolatria" Marcelo. Obrigada por acreditar em mim, alimentar os meus sonhos e quebrar a cara junto comigo. Eu te amo.

Meu pai, pela confiança em minha capacidade e pela maestria em aconselhar sabiamente os seus filhos. Minha mãe, por me ensinar a enxergar beleza nas coisas mais simples da vida e a sempre cultivar o meu espírito carpediano. Agradeço a ambos pelo bom humor em lidar com os obstáculos da vida, por me incentivarem e serem incansáveis trabalhadores em nosso dia a dia de produção.

Idolatrados irmãos Rogério e Marcel. Vocês são a base sólida de minha vida, e, sem o conselho e a torcida de vocês, a trajetória não seria tão emocionante.

Dona Helena, que cedeu o seu balcãozinho no restaurante para iniciar o meu negócio. Assim como eu, muitas outras pessoas foram ajudadas por sua alma iluminada que, sem esperar receber nada em troca, contentava-se apenas com a nossa gratidão.

Júlia, prima e amiga que me deu coragem para, juntas, iniciarmos a Divas Chocolates. A sua coragem e competência me inspiram até hoje.

Primo Edu que vendeu e divulgou os meus primeiros ensaios chocoláticos em sua mesinha de trabalho. Amadas Elza, Tami e Valéria. Amigas Lucci, Trovão (Gisele), Susana, Erika, Manú, Dani, Vilma, Tereza, Kiyoshi, Amauri, Luanna e Sheyla. Obrigada por fazerem parte de minha vida. Colaboradores e amigos Vitor Hugo Tsuru, Alexandre Tatsuya Iida e Arlindo Pinheiro Rodrigues. Obrigada pela força!

Karen e Márcio, queridos amigos e competentes profissionais que acreditaram e botaram toda a fé do mundo em meu trabalho. Vocês fazem a diferença!

Minha família, formada por primos, tios, sobrinhos e sogros maravilhosos. Minha família Chocolatria, formada por alunos e leitores do blog, pelos quais tenho imensa gratidão. Aluna Camila, que fez deste projeto de vida, até então a longo prazo, um sonho imediato e agora realizado, por meio de sua intermediação em busca de uma editora.

Rafael Sato, amigo e fotógrafo escolhido a dedo para tirar as fotos do livro. Parabéns pela competência e profissionalismo. O seu trabalho, astral e caráter são 10!

Obrigada Barry-Callebaut, Nestlé Professional, Café Hello Kitty e Rita Paiva por confiarem em meu potencial profissional.

Obrigada blogs Trem Bom, Pecado da Gula, Prato Fundo, Sopa Vermelha, A Casinha, Cuecas na Cozinha, Chucrute com Salsicha, Sabor Saudade, Canela Moída, Superziper, Cinara's Place, Come-se, Kafka na Praia, Quiche de Macaxeira, Pitadinha, La Cucinetta, Lena Gasparetto, Lena Labaki, Sabores da Lica, Gastronómicas, Banquetes e Lanchinhos, The Cookie Shop, From Our Home To Yours, Gourmandise, Technicolor Kitchen, Cozinha Pequena, Quitandoca e Ana Sinhana, pela inspiração.

Minha querida e amada Divinha, agradeço todos os dias por você ser minha filha e me entusiasmar infinitamente. O seu caderninho virtual de receitas acabou crescendo e a sua essência virou um lindo livro impresso em que deixo as minhas marcas, memórias e amores registrados para você. Compartilhando-o com outras pessoas, você faz o mundo girar. Obrigada pela compreensão madura de dividir o tempo de sua mãe com o mundo.

Grande abraço a todos,

*Simone Izumi*

# A autora

Simone Izumi é uma arquiteta que virou chocolate. Dois anos após a sua graduação, rendeu-se aos encantos da confeitaria e chocolateria, dando ouvidos ao seu coração. Apesar de estar segura de seu amor aos chocolates, o bolso era furado. Os livros técnicos de confeitaria, o mármore gelado e os pouquíssimos programas de culinária disponíveis na TV aberta foram os seus professores. Dessa forma, criou uma identidade singular de chocolateria, resultado de uma mistura de conhecimentos técnicos e teóricos de uma curiosa, rabiscos soltos em um papel de uma arquiteta, muita labuta em busca de proporções interessantes para uma glutona e bagagem cultural adquirida através de viagens de uma carpediana.

Proprietária da Divas Chocolates e autora do blog Chocolatria, tornou-se recentemente professora de chocolates. Já são mais de oitocentos alunos formados pelas aulas Chocolatria, que tem como patrocinadores empresas mundialmente respeitadas, como a belga Callebaut e Nestlé Professional. Oito anos após o seu início tortuoso e frustrante, graduou-se como *masterchef* na Chocolate Academy em Chicago, Estados Unidos.